중국인을 위한
친절한 **한국어** 초급 2

전나영 · 김현철
이주화 · 김종인 지음

我的韩国语

쉽게 이해하고 배우는 한국어

중국인을 위한 친절한 한국어

초급 2

전나영 · 김현철
이주화 · 김종인 지음

我的韩国语

연변교육출판사

차이나하우스

중국인을 위한 친절한 한국어

我的韩国语 초급2

2016년 8월 5일 초판 1쇄 인쇄
2016년 8월 10일 초판 1쇄 발행

지은이 전나영, 김현철, 이주화, 김종인
펴낸이 안우리
편　집 신효정
디자인 심즈커뮤니케이션, 이주현, 이수진

펴낸곳 연변교육출판사, 차이나하우스
등　록 제303-2006-00026호
주　소 서울시 영등포구 영등포동 8가 56-2
전　화 02-2636-6271
팩　스 0505-300-6271
이메일 china@chinahousebook.com
홈페이지 www.chinahousebook.com
ISBN 979-11-85882-23-9

값 14,800원

머리말 (前言)

　　한국어를 배우는 학습자가 급격히 증가하면서 학습자들의 언어, 문화적 배경이 다양해졌습니다. 이러한 상황에서 학습자의 모국어와 배경 문화를 고려한 맞춤형 한국어 교재에 대한 요구도 커지고 있습니다.

　　같은 재료를 단지 다양한 언어로 번역했다고 해서 그것이 해당 언어권 학습자를 고려한 효과적인 교재라고 하기 어렵습니다. 본 **'중국인을 위한 친절한 한국어'**는 중국어와 중국 문화를 배경으로 하는 한국어 학습자들을 위한 교재입니다. 중국어를 모국어로 하는 학습자의 눈으로 한국어를 바라보고 분석하고 정리했습니다. 한국어와 중국어를 비교해서 학습자들이 오류를 범하지 않고 한국어를 배울 수 있도록 구성했습니다. 한국어가 갖는 특징을 중국어권 학습자가 이해하기 쉽도록 드러냈습니다. 그리고 중국 문화를 배경으로 하는 학습자의 시각으로 한국 문화를 살펴보고 전통적인 한국 문화와 현대적인 한국 문화에 대한 이해를 돕고자 했습니다.

　　'중국인을 위한 친절한 한국어'는 학습자의 모국어와 배경 문화를 고려한 교재로서 한국어를 처음 접하는 중국어권 학습자들에게 충실한 기본 교재의 역할을 하리라고 믿습니다. 이 책의 출판을 위해 애써 주신 차이나하우스에 감사드립니다.

집필진 일동

　　如今在韩国语学习者急剧增加的同时，学习者的语言、文化背景也渐趋多样化。在这种情况下，考虑到学习者的母语及背景文化，对具有针对性的韩国语教材的需求也日渐增加。

　　仅仅对同样的材料作多种语言的翻译，并不能称之为针对相应语言背景学习者的有效性教材。这本《我的韩国语》是针对具有汉语及中国文化背景的韩国语学习者而设计的教材。从以汉语为母语的学习者的角度来考察韩国语，并对其进行分析和整理。本书通过对韩国语和汉语的比较，来使学习者在学习韩国语时能够避免偏误的发生，并使汉语圈的学习者能够更容易地理解韩国语所具有的特点。同时从具有中国文化背景的学习者的视角出发，来观察韩国文化，并帮助其理解传统韩国文化及现代韩国文化。

　　《我的韩国语》作为一本考虑到学习者的母语及背景文化的教材，对初次接触韩国语的汉语圈学习者来说，相信会是一本充实的基础性教材。在此对致力于本书出版的CHINAHOUSE表示感谢。

执笔者 共上

일러두기(使用说明)

1 题目

给学生看本课要学习的典型例句。这些典型例句出现在对话当中。

2 学习目标、学习词汇和学习语法

简单介绍这节课的学习目标，要学习的词汇和语法。学习之前请读一遍。首先了解了本课要学习的内容之后再进行学习，会更容易在头脑中留下印象。

3 对话介绍

对话上面是对对话的简单说明。只有读懂了对话介绍，才能更准确地理解课文的内容。一定要读一读。

4 课文

课文的对话都是韩国人的日常生活用语，多练习以达到自然脱口而出的程度。

5 听CD跟读

书上的CD里有课文内容的录音。课文的录音由两个部分组成。第一部分录的是正常速度的对话。第二部分录的是听对话跟读的内容。从句子的后面逐渐向前面添加的方式录了几个阶段，所以要听好后再跟读。还有! 跟读时，不仅要注意发音，而且也要注意语调。如果这样练习下去，大家的发音水平会噌噌提高的。

6 发音规则

课文里的单词和短语里容易发错音的部分在发音规则里做了详细的说明。那些都是容易出错的单词，所以读了说明以后，一定要记住为什么那样发音。

7 课文词汇

这里整理了课文里的新词汇和新词汇的汉语翻译。如果有不会的单词，参照这里就可以了。

8　有关课文的补充

根据需要, 每节课文或词汇一起掌握更有益处的内容放在了补充里。读了补充, 就会容易理解, 所以不要忽略一定要读一读。

9　语言点讲解

语言点讲解是对语法进行详细说明的部分。每节课讲2个到4个语法, 语法说明都有各种形式的例句。每个例句都有汉语翻译, 有助于理解。语法讲解的旁边根据需要, 和每节课的语法一起掌握更有益处的内容放在了补充里。不要忽略补充一定要读一读。补充里有帮助的内容很多。

10　词汇扩充

学习与每课主题有关的词汇扩充, 能把大家的词汇水平提高一个层次。与主题有关的词汇都经过了很好的整理, 易于掌握。

11　语言点练习

通过语言点讲解, 掌握了每课的语法, 现在该要练习怎样使用语法了吧？所以准备的就是语法练习。通过语言点练习, 能够确认是否已经正确地掌握了语法。

12　综合练习

综合练习由听、读、说和写四个部分构成。通过这四种语言技能, 直接对学过的词汇和语法进行练习。由于各种实际材料的使用, 可以学习到生动实用的韩国语。努力尽量用更多的词汇和语法来说话。大家会在不知不觉中提高韩国语水平的。

13　感知韩国

与每课主题相关的韩国文化都用汉语进行了说明介绍。都是有趣的文化内容, 学习完每一课后一定要读一读。学习文化也是学习语言的一部分。

14　复习

通过多种多样的复习练习题, 你们可以掌握已学到的所有词汇和语法。由于这些内容都是可以准备TOPIK等各种韩国语能力考试, 因此你们该好好做复习题。

교재 구성(教材结构)

课	主题	题目	学习目标
11	쇼핑 购物	저기에 있는 빨간색 코트 좀 보여 주세요. 请给我看看那件红色的大衣。	옷 사기 买衣服
12		많이 사면 깎아 드릴게요. 多买的话, 能便宜一点儿。	물건 값 흥정하기 讨价还价
13	교통 交通	여기서 교통카드를 충전할 수 있어요? 这里可以充交通卡吗?	교통카드 충전하는 방법 묻기 充交通卡的方法问答
14		여기서 조금 먼데 걸어서 가실 거예요? 离这儿有点儿远, 您要去吗?	길 묻기 问路
15	소개 介绍	이쪽은 제 친구 김지훈이에요. 这是我朋友金志勋。	친구 소개하기 介绍朋友
16		형제가 어떻게 돼요? 你有兄弟姐妹吗?	가족 소개하기 介绍家族
17	전화 电话	연구실로 한번 전화해 보세요 往研究室打一遍电话吧!	전화번호 말하기 谈电话号码
18		지금 안 계시는데요. 现在不在。	전화 걸기 打电话 메모 남기기 留言
19	건강 健康	감기에 걸렸어요? 感冒了吗?	감기 증세 말하기 谈感冒症状
20		배탈이 난 것 같은데 약 좀 주세요. 好象闹肚子, 给我点儿药。	약국에서 증세 말하기 在药店说症状

补充生词	语法	感知韩国
색깔 颜色 옷 종류 衣服种类	• -어/아/여 주다 • -을/ㄹ 것 같다 • -어서/아서/여서 (原因)	동대문, 남대문 东大门、南大门
과일종류 水果种类 야채 종류 蔬菜种类 단위명사 量词Ⅱ	• 에 • -으면/면 • -으니까/니까	서울의 특별한 시장 首尔的特色市场
교통수단 交通工具 타는 곳 乘坐的地方	• -을/ㄹ 수 있다 • 이나/나 • -어/아/여 보다	서울의 버스 首尔的公共汽车
길 설명 관련 어휘 与说明路线相关的词汇	• -는데, 은데/ㄴ데[1] • -을/ㄹ 거예요 (推测) • -어서/아서/여서 (顺序)	서울의 지하철 首尔的的地铁
학교 관련 어휘 与学校相关的词汇 직업 관련 어휘 与职业相关的词汇	• -지 못하다 • -고 있다 • -는데/은데/ㄴ데[2]	이성 친구 만나기 见异性朋友
가족 호칭 어휘 与家族称呼相关的词汇	• 과/와 • -겠- • -을/ㄹ 때	한국 사람의 이름 韩国人的名字
전화번호 관련 어휘 与电话号码相关的词汇	• -지요? • -는군요 • -을까요/ㄹ까요? (推测)	숫자 ' 0 ' 数字 "0"
전화, 통화 관련 어휘 与电话、通话相关的词汇	• -는데요/은데요/ㄴ데요 • -으러/러 • 께 • -어야/아야/여야 하다	이모티콘 表情符号
감기 증세 관련 어휘 与感冒症状相关的词汇	• -어지다/아지다/여지다 • -기 전에 • -으려고/려고 하다	한국의 민간요법 韩国的偏方
배탈 증세, 약 관련 어휘 与闹肚子的症状、药相关的词汇	• -는데/은데/ㄴ데[3] • -거나 • -은/ㄴ 후에	병원과 약국 医院和药店

김교수

金教授

김희선

金喜善

마리꼬

理子

마이클

迈克

박진호

朴镇浩

쉬리리

徐丽丽

올가

奥尔佳

왕룽

王龙

이민수

李旻树

장밍밍

张明明

정승기

郑承基

최지훈

崔志勳

크리스티안

克里斯坦

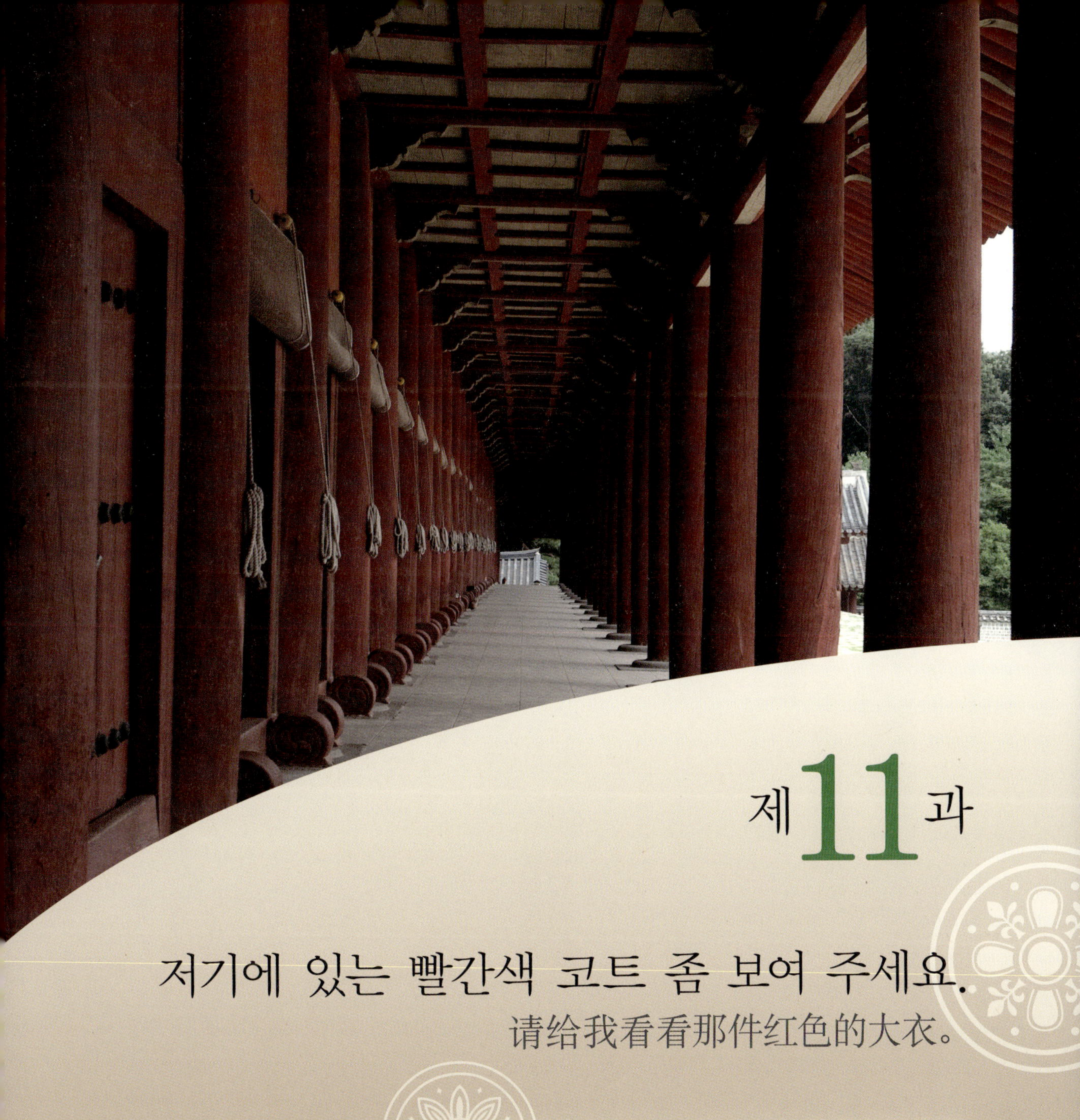

제11과

저기에 있는 빨간색 코트 좀 보여 주세요.

请给我看看那件红色的大衣。

■ **학습목표**　옷 사기
■ **학습목표**　색깔, 옷 종류
■ **학습목표**　–어 주다, –을 것 같다,
　　　　　　　–어서

(明明去东大门市场买大衣了。她在东大门市场的一家商店找到了一件她喜欢的衣服。她跟店主说话。)

장밍밍 : 저기에 있는 빨간색 코트 좀 보여 주세요.

옷가게 주인 : 네, 잠깐만 기다리세요.

(옷을 건네주며) 여기 있습니다.

장밍밍 : 조금 작을 것 같아요.

좀 더 큰 건 없어요?

옷가게 주인 : 손님이 입으실 거예요?

사이즈가 어떻게 되세요?

장밍밍 : 66이에요.

옷가게 주인 : 여기 있어요.

이 코트는 디자인이 예뻐서 인기가 많아요.

장밍밍 : 그래요? 얼마예요?

옷가게 주인 : 신상품이어서 좀 비싸요. 12만 원이에요.

生词

빨갛다 红	색 色	코트 大衣
좀 请	보이다 看见	잠깐 稍
좀 (조금) 一点儿	더 更	손님 客人
입다 穿	사이즈 尺码	디자인 款式
예쁘다 漂亮	인기가 많다 受欢迎	얼마 多少
신상품 最新商品	비싸다 贵	만 万
원 元		

课文注释

🔘 **CD를 들으면서 따라하십시오.** 听CD跟读。

장밍밍 : 저기에 있는 빨간색 코트 좀 보여 주세요.
请给我看看那儿的红色大衣。

옷가게 주인 : 네, 잠깐만 기다리세요. (옷을 건네주며) 여기 있습니다.
好的，请稍等。(递衣服) 在这里。

장밍밍 : 조금 작을 것 같아요. 좀 더 큰 건 없어요?
好像小一点儿。有没有大一点儿的？

옷가게 주인 : 손님이 입으실 거예요? 사이즈가 어떻게 되세요?
是客人您要穿吗? 您的尺码是多少?

장밍밍 : 66이에요.
是66。

옷가게 주인 : 여기 있어요. 이 코트는 디자인이 예뻐서 인기가 많아요.
在这里。这件大衣款式漂亮很有人气。

장밍밍 : 그래요? 얼마예요?
是吗? 多少钱?

옷가게 주인 : 신상품이어서 좀 비싸요. 12만 원이에요.
因为是最新商品，所以有点儿贵。12万元。

发音

- 없어요 [업써요]
  复收音后接元音时，第二个收音就读成下一个音节的头音，ㅂ后接的ㅅ就读成 [ㅆ]。

- 어떻게 [어떠케]
  ㅎ后接ㄱ，ㄷ，ㅂ时，后接的ㄱ，ㄷ，ㅂ读成 [ㅋ，ㅌ，ㅍ]。

- 인기가 [인끼가]
  ㄴ后接ㄱ时，后接的ㄱ读成 [ㄲ]。

빨갛다 ('ㅎ'谓词)

一部分 'ㅎ'动词词干后接元音时，'ㅎ'会脱落。

그렇다 那样 + 으면/면
→ 그러면
노랗다 黄 + 은/ㄴ → 노란
但是词干后接元音 '어/아/여' 时，如下运用。
하얗다 白 + 어요/아요/여요
→ 하얘요
어떻다 怎样 + 어요/아요/여요 → 어때요 → 가**까워요**

좀

表示客气语气，没有特别的意思。

실례지만 길 좀 묻겠습니다.
麻烦您，问一下路。

시간이 있으면 한국어를 좀 가르쳐 주십시오.
有时间的话，教我一点儿韩国语吧。

把"조금"简称为"좀"。

요즘 날씨가 조금(좀) 추워요.
最近大气有点儿冷。

건

'건'是'것 + 은'的缩写方式。

큰 것은 없어요? →
큰 건 없어요? 有没有大的?
그것은 뭐예요? →
그건 뭐예요? 那是什么?

한국의 옷 사이즈

1) 44, 55, 66, 77 : 以肩、腰、胸为基准制定的尺寸。
2) S, M, L : S-small 小、M-medium 中、L-large 大。
3) 85, 90, 95, 100, 105 : 以胸围为基准制定的尺寸。
4) 26, 27, 28, 29, 30 : 以腰围为基准制定的尺寸，单位为英寸(inch)。

14

1. ___动___ 어/아/여 주세요

接在动词词干后面, 表示郑重地拜托。动词的词干以 "아, 오" 结束时, 与 "–어 주세요" 结合。不以 "아, 오" 结束时, 与 "–아 주세요" 结合。只有以 "하다" 结束的动词后加 "–여 주세요" 成为 "해 주세요"。

길 좀 가르쳐 주세요. 请告诉我一下路线吧。

더우니까 창문 좀 열어 주세요. 有点儿热, 请给我开点儿窗户吧。

전화번호 좀 알려 주세요. 告诉我一下电话号码吧。

숙제를 좀 도와주세요. 帮我写一下作业吧。

> **补充**
>
> ___动___ 어/아/여 드리겠습니다
>
> 表示有意向为受事做某事, 且受事为施事尊敬的对象。
>
> 제가 일을 도와 드리겠습니다. 我来帮您干活。

2. ___动___ 는/은/ㄴ/을/ㄹ 것 같다
___形___ 은/ㄴ/을/ㄹ 것 같다

接在动词或者形容词词干后面, 表示对某事进行不确定的推测。接在动词后面时, 当表示对过去已发生事件的推测时, 使用 '–은/ㄴ 것 같다'; 当表示对当前事件的推测时, 则使用 '–는 것 같다'; 当表示对未来事件的推测时, 使用 '–을/ㄹ 것 같다'。接在形容词后面时, 当表示对当前事件的推测时, 使用 '–은/ㄴ 것 같다'; 当表示对还没确认的事件的推测时, 使用 '–을/ㄹ 것 같다'。

옆 교실에서 수업을 하는 것 같아요. 旁边的教室好像在上课。

바닥을 보니까 어제 비가 온 것 같아요. 看地板, 昨天好像下雨了。

하늘을 보니까 곧 비가 올 것 같아요. 看天, 好像要下雨了。

얼굴을 보니까 기분이 나쁜 것 같아요. 看脸色, 好像心情不太好。

메뉴판 사진을 봤는데 아주 맛있을 것 같아요. 看菜单上的相片, 好像会很好吃。

목소리를 들으니까 여자인 것 같아요. 听声音, 好像是女的。

3. ___动 / 形___ 어서/아서/여서

接在动词或形容词词干后面, 表示原因。动词或形容词的词干以"아, 오"结束时, 与"–어서"结合。不以"아, 오"结束时, 与"–아서"结合。只有以"하다"结束的动词或形容词加"–여서"成为"해서"。

늦게 일어나서 지각을 했어요. 起得晚, 所以迟到了。

영화를 보고 슬퍼서 많이 울었어요. 电影很伤感, 所以哭了很久。

밍밍 씨는 성격이 좋아서 친구가 많아요. 明明性格好, 所以朋友很多。

주말이어서 놀이공원에 사람이 많아요. 因为是周末, 游乐公园里有很多人。

补充

不能以终结语尾的形式用于祈使句与命令句。'– 어서 / 아서 / 여서' 前不能接表示时态的语尾。

배가 고파서 밥을 먹읍시다.(×) → 배가 고프니까 밥을 먹읍시다.(○)
肚子很饿, 吃饭吧。

늦게 일어났어서 지각을 했어요.(×) → 늦게 일어나서 지각을 했어요.(○)
起得晚, 所以迟到了。

补充生词

하얀색(흰색) 白色	까만색(검정색) 黑色	파란색 青色	노란색 黄色
초록색 绿色	분홍색 粉红色	보라색 紫色	갈색 褐色
주황색 橘黄色			

원피스 连衣裙	티셔츠 T恤衫	치마 裙子	바지 裤子
청바지 牛仔裤	블라우스 衫衣, 衬衫	정장 正装	양복 西服

액세서리 饰品	구두 皮鞋	화장품 化妆品

1.
____动____ 는/은/ㄴ/을/ㄹ 것 같다
____形____ 은/ㄴ/을/ㄹ 것 같다

〈보기〉와 같이 대화를 완성하십시오. 依照例句完成对话。

〈보기〉 가 : 한번 입어 보세요.

나 : 좀 작을 것 같아요.

(1) 가 : 교실 밖이 시끄러워요.

나 : ___________________________

(2) 가 : 밍밍 씨가 아직 학교에 안 왔어요.

나 : ___________________________

(3) 가 : 진호 씨가 지금 뭐 해요?

나 : ___________________________

(4) 가 : 리리 씨가 영어를 아주 잘 하네요.

나 : ___________________________

2. ____动 / 形____ 어서/아서/여서

〈보기〉와 같이 대화를 완성하십시오. 依照例句完成对话。

> 〈보기〉 가 : 왜 이 옷이 인기가 있어요?
>
> 　　　　나 : 디자인이 <u>예뻐서</u> 요즘 인기가 많아요. (디자인이 예쁘다.)

(1) 가 : 왜 한국어를 공부하세요?

　　나 : ________________________________ (한국 드라마를 좋아하다)

(2) 가 : 오늘 왜 학교에 사람이 없어요?

　　나 : ________________________________ (방학이다)

(3) 가 : 왜 안 드세요?

　　나 : ________________________________ (배가 안 고프다)

(4) 가 : 왜 오늘 학교에 안 가세요?

　　나 : ________________________________ (수업이 없다)

한번 一次　　　교실 教室　　　시끄럽다 吵　　　드라마 电视剧　　　(배가) 고프다 (肚子)饿
드시다 "吃"的敬语

 듣기 ●

다음은 안내방송입니다. 듣고 질문에 대답하시오. 下面是一段广播, 听后回答问题。

(1) 여기는 어디입니까?

(2) 여기에서 세일하는 것을 모두 고르십시오.

    ① 액세서리 (　　)　　　　② 컴퓨터 (　　)　　　　③ 여성복 (　　)

    ④ 구두　　(　　)　　　　⑤ 주류　 (　　)　　　　⑥ 차　　 (　　)

    ⑦ 남성복　(　　)　　　　⑧ 가방　 (　　)　　　　⑨ 문구　 (　　)

    ⑩ 화장품　(　　)

(3) 이곳은 몇 시에 문을 닫습니까?

    ① 6시　　　　　　② 8시　　　　　③ 6시 30분　　　　④ 8시 30분

读 읽기

아래는 옷가게에서 자주 볼 수 있는 광고 문구입니다. 그림을 보고 질문에 대답하십시오.
下面是在服装店常见的广告语, 看图回答问题。

〈가게 1〉

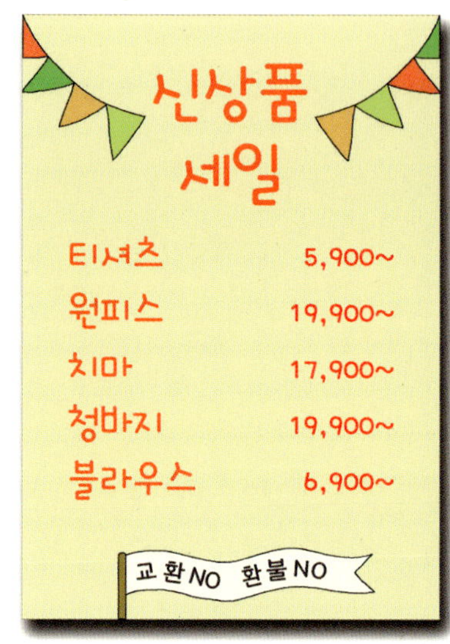

〈가게 2〉

(1) 〈가게 2〉에서 무엇을 팝니까?

(2) 그림의 내용과 같으면 ○, 다르면 ×를 하십시오.

① 두 가게에서 모두 환불이 안 됩니다.　　　　　(　　)

② 〈가게 1〉에서는 겨울 코트를 할인합니다.　　　(　　)

③ 〈가게 2〉의 청바지는 모두 19,900원입니다.　　(　　)

봄 春天　　여름 夏天　　할인 打折　　제외 除外　　교환 交换　　되다 可以　　환불 退还　　그림 图片　　겨울 冬天

 말하기

아래를 보고 〈보기〉와 같이 한 사람은 가게 주인이 되고, 한 사람은 손님이 되어 대화를 만드십시오.
看图, 依照例句分角色(一个人当店主, 一个人当客人)完成对话。

쉬리리 : 저기에 있는 까만색 원피스 좀 보여 주세요.

옷가게 주인 : 잠깐만요. 자, 여기 있습니다.

쉬리리 : 사이즈가 66이네요. 그럼 좀 클 것 같아요.

한 치수 작은 건 없어요?

옷가게 주인 : 있어요. 이게 55 사이즈예요.

쉬리리 : 얼마예요?

옷가게 주인 : 6만원이에요.

쉬리리 : 한 벌 주세요.

옷가게 주인 : 여기 있습니다. 감사합니다. 또 오세요.

치수 尺码　　벌 件　　또 又

写 쓰기

〈보기〉와 같이 여러분이 산 물건에 대해서 그림을 그리고 설명하십시오.
依照例句画图并说明你所购买的商品。

〈보기〉

이 구두는 한국 구두예요.

5월에 희망백화점에서 샀어요.

그때 이 구두가 20% 세일을 했어요.

가격은 10만원이었어요. 조금 비싸지만 아주 편하고 좋아요.

그래서 저는 요즘 이 구두를 자주 신어요.

이 구두는 디자인이 귀여워서 인기가 많은 것 같아요.

그때 那时　가격 价格　신다 穿

东大门，南大门
동대문, 남대문

　　坐地铁1、4号线在东大门站下车，从3、6号出口出去就有东大门市场。东大门市场的大街上总是有很多卖水果、鱼、丝绸、绵制品、手工艺品、螺钿漆器的商人。而且在东大门市场整顿区域的商店里还销售漫画书、牛仔系列、军服和登山服等。

　　东大门市场的商店大部分都是批发商，所以价格比较低廉。最近入驻了很多大型购物中心以后，晚上变得比白天更华丽、更有活力了。

　　坐地铁4号线在会贤站5号出口出去就有南大门市场。南大门市场是韩国人最熟悉、在韩国最有名的地方。所以很多韩国人认为小到牙签大到巨大的象牙都可以在这里买到。总共10, 172个店铺里，陈列着服装、饰品、餐具、人参、办公用品、进口产品等商品，其中最畅销的还属眼镜和儿童服。眼镜不仅价格低廉，而且品质还好。所以很受来南大门市场逛街的游客们的欢迎。来韩国旅游，如果没去南大门市场就相当于没有见识到韩国最大的购物景点。

▲동대문

▲남대문시장

제 12 과

많이 사면 깎아 드릴게요.

多买的话，能便宜一点儿。

- ■ **학습목표** 물건 값 흥정하기
- ■ **학습어휘** 과일종류, 채소 종류, 단위명사 II
- ■ **학습문법** 에, –으면, –으니까

배
감
사과
귤
10개 ○○○○원

(明明去水果店买水果了。她觉得水果有点儿贵，所以在和店主讨价还价。)

과일가게 주인 : 어서 오세요. 뭘 드릴까요?

장밍밍 : 사과하고 배 얼마예요?

과일가게 주인 : 사과는 3개에 2,500원이고 배는 2개에 3,000원이에요.

장밍밍 : 너무 비싸요. 좀 깎아 주세요.

과일가게 주인 : 많이 사면 깎아 드릴게요. 얼마나 사실 거예요?

장밍밍 : 사과 6개하고 배 4개 주세요. 많이 사니까 깎아 주세요.

과일가게 주인 : 네, 좋습니다. 10,000원만 내세요.

장밍밍 : 감사합니다. 좋은 것으로 골라 주세요.

生词

| 배 倍 | 너무 太 | 깎다 讲价 | 얼마나 多少 |

课文注释

💿 **CD를 들으면서 따라하십시오.** 听CD跟读。

과일가게 주인 : 어서 오세요. 뭘 드릴까요?
请进。您要买什么？

장밍밍 : 사과하고 배 얼마예요?
苹果和梨多少钱？

과일가게 주인 : 사과는 3개에 2,500원이고 배는 2개에 3,000원이에요.
苹果3个2500元，梨2个3000元。

장밍밍 : 너무 비싸요. 좀 깎아 주세요.
太贵了。便宜一点儿吧。

과일가게 주인 : 많이 사면 깎아 드릴게요. 얼마나 사실 거예요?
多买的话，能便宜一点儿。您要买多少？

장밍밍 : 사과 6개하고 배 4개 주세요. 많이 사니까 깎아 주세요.
给我6个苹果和4个梨。买得多，就便宜一点儿吧。

과일가게 주인 : 네, 좋습니다. 10,000원만 내세요.
嗯，好吧。就给我10000元吧。

장밍밍 : 감사합니다. 좋은 것으로 골라 주세요.
谢谢。请给我挑好一点儿的。

名	数字	量	에

"에" 接在数量次的后面，表示单位。这种语法现象在汉语里是没有的，因此注意不要省略。

장미꽃 한 송이에 1,000원이에요. 玫瑰一朵1000元。
교과서 한 권에 20,000원입니다. 教科书一本20000元。

일(一)	십(十)	백(百)	천(千)
만(萬)	억(億)	조(兆)	

13,000원
일만 삼천 원 (×)
만 삼천 원 (○)

만

表示选择的成分。

하루에 2시간만 공부해요.
一天只学习2个小时。
3개만 주세요. 就给我3个吧。

名	으로/로

表示选择的成分。

빨간 색으로 주세요.
请给我红色的。
식사는 볶음밥으로 하겠어요.
主食要炒饭。

고르다 ('르'谓词)

所有 '르' 动词词干后接元音时，'ㅡ' 将脱落，且 '르' 动词词干前添加 'ㄹ'。

고르다 选择 + 어서/아서/여서 → 골라서

부르다 叫 + 어요/아요/여요 → 불러요

게으르다 懒 + 었어요/았어요/였어요 → 게을렀어요

- 오백 원 [오배 권]
收音后接元音时，收音就连音读成下一个音节的头音。

- 삼천 원 [삼처 넌]
收音后接元音时，收音就连音读成下一个音节的头音。

- 많이 [마니]
头音以外的ㅎ，或发音逐渐减弱，或几乎不发音。

- 드릴게요 [드릴께요]
ㄹ后接ㄱ时，后接的ㄱ读成 [ㄲ]。

- 좋습니다 [조씀니다]
ㅎ后接ㅅ时，后接的ㅅ读成 [ㅆ]。

1. ___动 / 形___ 으면/면

接在动词或形容词词干后面，表示假设或者条件。以收音收尾的动词或形容词后接"–으면"，以元音收尾的动词或形容词后接"–면"。

시간이 있으면 여행을 가고 싶어요. 有时间的话，想去旅行。

졸업하면 한국 회사에 취직할 거예요. 毕业的话，想在韩国公司上班。

모르는 것이 있으면 물어 보세요. 有不懂的话，问我吧。

운동을 하면 기분이 좋습니다. 运动的话，心情好。

2. ___动 / 形___ 으니까/니까

接在动词或形容词词干后面，表示原因。以收音收尾的动词或形容词后接'–이니까'，以元音收尾的动词或形容词后接'–니까'。接在名词时，以收音收尾名词后接'이니까'，以元音收尾名词后接'니까'。

오늘은 비가 오니까 내일 빨래를 할까요? 今天下雨，所以衣服明天洗吧？

여기는 바닷가니까 해산물이 쌉니다. 这里是海边，所以海产品比较便宜。

补充

可以以终结语尾的方式用于祈使句和命令句。

제주도는 전에 갔으니까 이번에는 다른 곳에 갑시다. 济州岛以前去过，那这次去别的地方吧。

추우니까 창문 좀 닫아 주세요. 有点儿冷，请关一下窗户。

补充生词

수박 西瓜	참외 香瓜	감 柿子	귤 橘子
딸기 草莓	바나나 香蕉		
배추 白菜	무 萝卜	상추 生菜	양파 洋葱
깻잎 苏子叶	파 葱		
팩 包	봉지 袋儿	통 棵	송이 朵
상자 箱	단 捆		

1. ______ 动 / 形 ____ 으면/면

〈보기〉와 같이 대화를 완성하십시오. 依照例句完成对话。

> 〈보기〉 가 : 좀 깎아 주세요.
>
> 나 : 많이 <u>사면</u> 깎아 드릴게요. (많이 사다)

(1) 가 : 한턱내세요.

　　나 : ____ (아르바이트비를 받다)

(2) 가 : 보통 언제 노래방에 가요?

　　나 : ____ (친구를 만나다)

(3) 가 : 내일 등산할까요?

　　나 : ____ (비가 안 오다)

(4) 가 : 언제 백화점에 갈까요?

　　나 : ____ (수업이 끝나다)

2. ___动 / 形___ 으니까/니까

〈보기〉와 같이 대화를 완성하십시오. 依照例句完成对话。

> 〈보기〉 가 : 많이 <u>사니까</u> 깎아 주세요.
>
>   나 : 네, 좋습니다.

(1) 가 : _______________으니까/니까 창문을 닫아 주세요.

      나 : 네, 알겠습니다.

(2) 가 : _______________으니까/니까 불고기를 시킵시다.

      나 : 네, 그럽시다.

(3) 가 : _______________으니까/니까 뷔페 식당에서 먹읍시다.

      나 : 네, 좋아요.

(4) 가 : _______________으니까/니까 축구를 합시다.

      나 : 네, 그럽시다.

한턱내다 请客	아르바이트비 打工费	축구 足球	등산하다 爬山	창문 窗户	축구 足球

 듣기

구입하다 购买　　　　바라다 希望　　　　채소 蔬菜　　　　알리다 告知　　　　여러 가지 多样　　　　그램 克

1. **다음은 과일 코너의 안내방송입니다. 듣고 질문에 대답하십시오.**
   下面一段是在超市水果区听到的导购广播，听后回答问题。

   (1) 지금 무엇을 싸게 팝니까?

   (2) 들은 내용과 같으면 ○, 다르면 ×를 하십시오.

   ① 과일을 모두 세일합니다.　　　　　　　　（　　）

   ② 지금 참외를 4개 사면 5,000원입니다.　（　　）

2. **다음은 슈퍼마켓의 안내방송입니다. 듣고 질문에 대답하십시오.**
   下面是一段超市导购广播，听后回答问题。

   (1) 지금 무엇을 싸게 팝니까?

   (2) 들은 내용과 같으면 ○, 다르면 ×를 하십시오.

   ① 배추는 30% 세일합니다.　　　　　　　　　　（　　）

   ② 깻잎은 200그램 한 봉지에 500원입니다.　（　　）

   ③ 양파는 세일하지 않습니다.　　　　　　　　（　　）

 읽기

1. 다음은 슈퍼마켓에서 볼 수 있는 것들입니다. 그림을 보고 질문에 대답하십시오.
   下面是超市标价牌，看图回答问题。

(1) 원산지가 한국이 아닌 것은 무엇입니까?

   ① 딸기   ② 사과   ③ 곶감   ④ 한라봉

(2) 세일하는 것을 모두 고르십시오.

   딸기(소) ( )   사과 ( )   바나나 ( )   아이스크림 ( )

   딸기(대) ( )   한라봉 ( )   곶감 ( )

(3) 그림의 내용과 같으면 ○, 다르면 ×를 하십시오.

   ① 슈퍼마켓 물건을 모두 50% 싸게 팝니다.   (   )
   ② 아이스크림은 항상 세일을 합니다.   (   )
   ③ 딸기(소)는 작은 팩이고, 딸기(대)는 큰 팩입니다.   (   )

2. 그림을 보고 질문에 대답하십시오. 看图回答问题。

그림의 내용과 같으면 ○, 나르면 ×를 하십시오.

① 따뜻한 음료도 팝니다.　　　　(　)

② 4개를 사면 50% 쌉니다.　　　(　)

③ 빙수가 제일 비쌉니다.　　　　(　)

④ 커피도 있습니다.　　　　　　(　)

 말하기

아래를 보고 〈보기〉와 같이 한 사람은 가게 주인이 되고, 한 사람은 손님이 되어 대화를 만드십시오.
看图, 依照例句分角色(一个人当主人, 一个人当客人)完成对话。

과일가게 주인 : 어서 오세요.

장밍밍 : 키위하고 수박 있어요?

과일가게 주인 : 네 여기 있습니다.

장밍밍 : 얼마예요?

과일가게 주인 : 키위는 한 팩에 3,000원이고, 수박은 한 통에 8,000원이에요.

장밍밍 : 그럼 키위 한 팩하고 수박 한 통 주세요. 모두 얼마예요?

과일가게 주인 : 11,000원입니다.

장밍밍 : 좀 깎아 주세요.

과일가게 주인 : 그럼 10,000원만 내세요.

장밍밍 : 감사합니다. 많이 파세요.

과일가게 주인 : 다음에 또 오세요.

채소가게 주인 : 어서 오세요.

장밍밍 :   안녕하세요? 상추 얼마예요?

채소가게 주인 : 200g에 500원이에요.

장밍밍 :   파는요?

채소가게 주인 : 파는 한 단에 3,000원이에요.

장밍밍 :   그럼 상추 200g하고 파 한 단 주세요. 단골이니까 많이 주세요.

채소가게 주인 : 네, 많이 드릴게요.

장밍밍 :   감사합니다. 안녕히 계세요.

채소가게 주인 : 안녕히 가세요.

단골 老顾客

 **쓰기**

일주일 동안 필요한 것을 사려고 합니다. 〈보기〉와 같이 쇼핑계획을 세워 보세요.
要采购一个星期所需的东西, 依照例句制定采购计划。

〈보기〉

슈퍼마켓	우유	세 개(3개)	이천 백 원(2,100원)
	파	한 단(1단)	천 오백 원(1,500원)
	딸기	두 팩(2팩)	만 원(10,000원)
옷가게	치마	한 벌(1벌)	삼만 원(30,000원)
	티셔츠	한 벌(1벌)	이만 오천 원(25,000원)
서점	잡지	한 권(1권)	오천 오백 원(5,500원)
	교과서	한 권(1권)	만 팔천 원(18,000원)
합계			구만 이천 백 원(92,100원)

슈퍼마켓			
옷가게			
서점			
합계			

우유 牛奶　　잡지 杂志　　권 本　　교과서 教科书, 课本　　합계 合计

首尔特别的市场
서울의 특별한 시장

1. **风物市场**: 是可以又低廉又方便地享受我们民族固有的风物和日常生活中使用过的生活用品、观光商品、土特产、传统美食的地方。首尔风物市场是我们民族传统的风物小街和清溪川组合而成的。不仅是市民顾客，也是海内外游客们喜欢的景点。

2. **京东市场**: 在东大门区祭基洞一带的中草药市场。开始是在整个首尔卖农产品最便宜的市场，可是现在已开设了国内最大的人参市场，形成了很多专门的中草药商店，以中草药声名远洋。这里是连外国游客们都必经的观光景点。

3. **可乐市场**: 是国内最大的农产品批发市场。从设施上看是单一市场中属最大规模。在拍卖人的眼明手快和响亮的声音中，萝卜和白菜一车一车地交易着，刚刚捕捞回来的鱼活蹦乱跳着。包括从凌晨开始一直到上午10点结束的批发市场在内，再加上用新鲜的生鱼片和一杯白酒解除疲劳的上班族，可乐市场的一天总是激烈的生活现场。

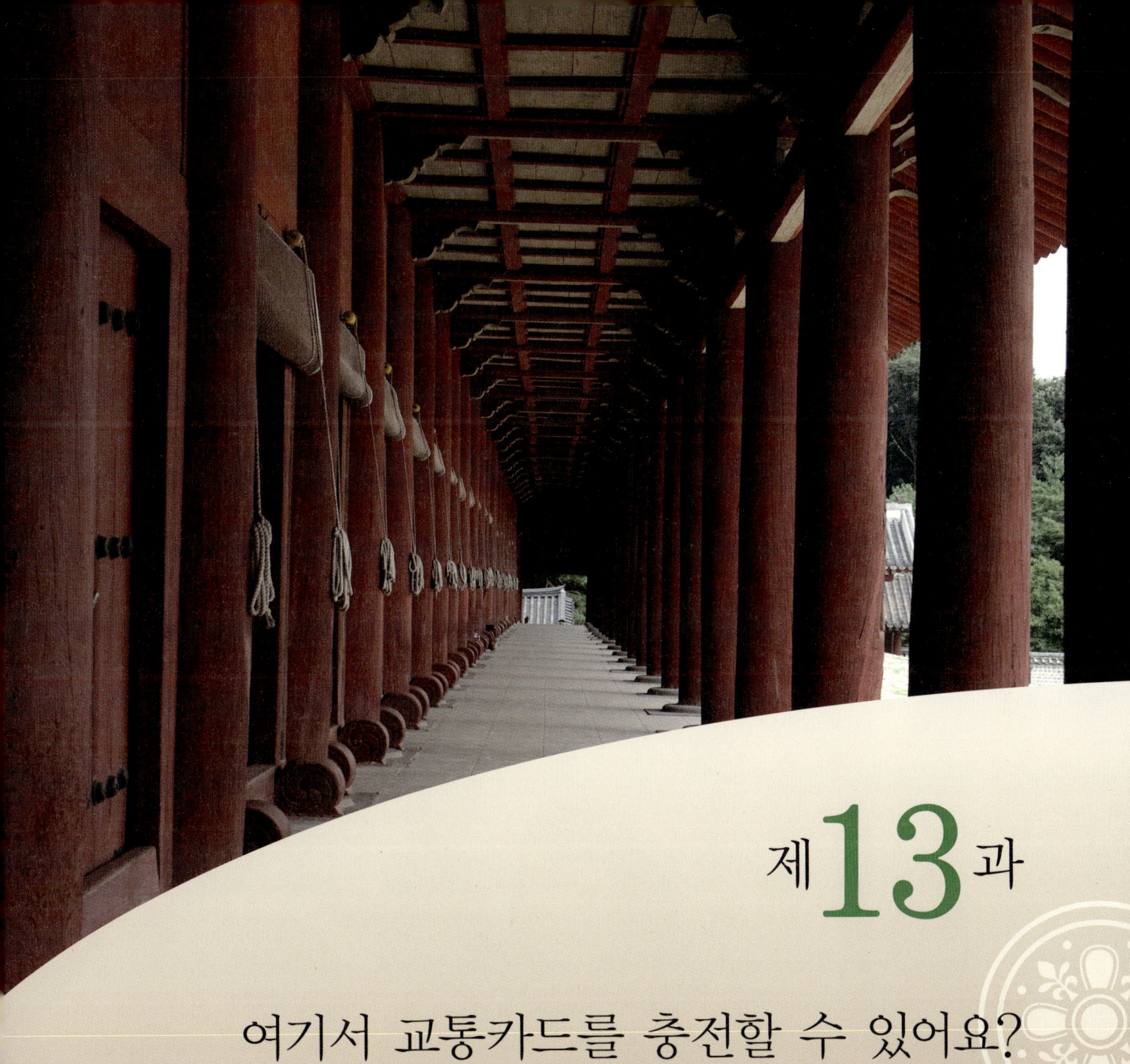

제 13 과

여기서 교통카드를 충전할 수 있어요?

这里可以充交通卡吗?

- **학습목표**　교통카드 충전하는 방법 묻기
- **학습어휘**　교통수단, 타는 곳
- **학습문법**　-을 수 있다, -어 보다, 이나

승차권 자동발매기 · 충
1회용 발매 · 교통카드 충전
1회용 발매 · 교통카드 충전

课文

(明明和朋友约好见面, 她坐地铁去见朋友。不料交通卡没钱了, 她为了充值往地铁站售票处走去。)

장밍밍 : 실례지만 여기서 교통카드를 충전할 수 있어요?

매표원 : 네, 할 수 있어요. 얼마나 충전하실 거예요?

장밍밍 : 5,000원 어치만 충전해 주세요.

매표원 : 네, 잠깐만 기다리세요.

장밍밍 : 제가 직접 충전할 수도 있어요?

매표원 : 네, 다음에는 교통카드 충전기를 이용해 보세요.

장밍밍 : 그래요? 그럼 교통카드 충전기는 어디에 있어요?

매표원 : 지하철 매표소나 편의점에 있어요.

生词

실례 失礼, 不好意思	교통카드 交通卡	충전하다 充值	직접 直接
어치 …的	기다리다 等	충전기 充值机	이용하다 利用
매표소 售票处			

课文注释

💿 **CD를 들으면서 따라하십시오.** 听CD跟读。

장밍밍 : 실례지만 여기서 교통카드를 충전할 수 있어요?
不好意思, 这里可以交通卡吗?

매표원 : 네, 할 수 있어요. 얼마나 충전하실 거예요?
是的, 可以。您要充多少?

장밍밍 : 5,000원 어치만 충전해 주세요.
给我充5000元的吧。

매표원 : 네, 잠깐만 기다리세요.
好, 请稍等。

장밍밍 : 제가 직접 충전할 수도 있어요?
我可以自己充值吗?

매표원 : 네, 다음에는 교통카드 충전기를 이용해 보세요.
是的, 下次您可以用交通卡充值机充值。

장밍밍 : 그래요? 그럼 교통카드 충전기는 어디에 있어요?
是吗? 那交通卡充值机在哪儿呢?

매표원 : 지하철 매표소나 편의점에 있어요.
在地铁售票处或者便利店。

실례지만 // 실례합니다

一般向别人提问题或者拜托别人时使用。

실례지만 지금 몇 시예요?
麻烦您, 现在几点?

실례합니다. 희망백화점이 어디에 있어요? 失礼了。希望百货商店在哪儿?

여기서

'여기서'是'여기에서'的缩写方式。'거기에서'的缩写方式是'거기서', '저기에서'的缩写方式是'저기서'。

여기서 잠깐만 기다리세요.
请在这里稍等。

거기서 뭘 하세요?
在那里做什么?

저기서 운동을 하는 사람이 제 동생이에요. 在那里做运动的人是我弟弟。

얼마나

向别人提问准确的量时, 使用'얼마'。提问大约的量时, 则使用'얼마나'。

이거 얼마예요? 这个多少钱?

걸어서 가면 얼마나 걸려요?
走着去需要多长时间?

- 직접 [직쩝]
ㄱ, ㄷ, ㅂ后接ㅈ时, 后接的ㅈ读成 [ㅉ]。

- 편의점 [펴늬점] [펴니점]
'ㅢ'读成 [ㅢ] 或者 [ㅣ]。

- 절약할 [저랴칼]
ㄱ, ㄷ, ㅂ后接ㅎ时, ㄱ, ㄷ, ㅂ读成 [ㅋ, ㅌ, ㅍ]。

1. ______动______ 을/ㄹ 수 있다

接在动词词干后面，表示有能力或有可能做某事。以收音收尾的动词后接"－을 수 있다"，以元音收尾的动词后用"－ㄹ 수 있다"。

여기서는 사진을 찍을 수 있어요. 这里可以照相。

이 수영장은 몇 시까지 수영할 수 있어요? 这个游泳场可以游到几点?

밍밍 씨는 피아노를 칠 수 있어요. 明明会弹钢琴。

저는 운전을 할 수 있습니다. 我会开车。

2. ______动______ 어/아/여 보다

接在动词词干后面，表示尝试。动词的词干以"아，오"结束时，与"－어 보다"结合。不以"아，오"结束时，与"-아 보다"结合。只有以"하다"结束的动词后加"－여 보다"成为"해 보다"。

경치가 아름다우니까 설악산에 한번 가 보세요. 雪岳山景色很美, 去一趟吧。

마음에 들면 입어 보세요. 满意的话, 请试穿一下。

이 책을 한번 읽어 보세요. 请看一下这本书。

이 음악을 좀 들어 보세요. 请听一下这个音乐。

3. ___名___ 이나/나

接在名词后面，表示任选一个的意思。以收音收尾的名词后接"이나"，以元音收尾的名词后接"나"。

아침에는 빵이나 죽을 먹어요. 早上吃面包或者粥。

여름 방학 때 바다나 산으로 놀러 갑시다. 暑假时，去大海或者山上玩儿吧。

3시나 4시쯤에 전화하세요. 3点或者4点左右打电话吧。

밍밍 씨 생일선물로 액세서리나 화장품이 어떨까요?
作为明明的生日礼物，买饰品或者化妆品怎么样？

补充生词

공항 机场	여객터미널 客运站	버스터미널 汽车站	정류장 站点, 车站	역 站

역 // 정류장
坐火车或地铁的地方叫做"역"，坐公共汽车和出租车的地方叫做"정류장"，坐高速客车的地方叫做"버스터미널"。
기차역 / 지하철역 火车站 / 地铁站　버스 정류장 / 택시 정류장 公共汽车站 / 出租汽车站　고속버스 터미널 长途汽车站

버스 公交汽车	지하철 地铁	비행기 飞机	배 船	기차 火车
자전거 自行车	택시 出租汽车	자동차 汽车	고속버스 长途汽车	마을버스 小巴

타다 坐, 上	내리다 下	갈아타다 换乘	승차 上车	하차 下车

1. ＿＿＿动＿＿을/ㄹ 수 있다

〈보기〉와 같이 대화를 완성하십시오. 依照例句完成对话。

> 〈보기〉 가 : 실례지만 여기서 교통카드를 <u>충전할 수 있</u>어요?
>
> 나 : 네, 할 수 있어요.

(1) 가 : ＿＿＿＿＿＿＿＿＿＿＿＿＿＿＿

　　나 : 네, 살 수 있어요.

(2) 가 : ＿＿＿＿＿＿＿＿＿＿＿＿＿＿＿

　　나 : 아니요, 사진을 찍을 수 없어요.

(3) 가 : ＿＿＿＿＿＿＿＿＿＿＿＿＿＿＿

　　나 : 네, 읽을 수 있어요.

(4) 가 : ＿＿＿＿＿＿＿＿＿＿＿＿＿＿＿

　　나 : 아니요, 다리를 다쳐서 탈 수 없어요.

2. ＿＿＿动 어/아/여 보다

〈보기〉와 같이 대화를 완성하십시오. 依照例句完成对话。

> 〈보기〉 교통카드 충전기를 이용해 보세요. 

(1) ＿＿＿＿＿＿＿＿＿＿＿＿＿＿＿＿＿＿＿＿ 

(2) ＿＿＿＿＿＿＿＿＿＿＿＿＿＿＿＿＿＿＿＿ 

(3) ＿＿＿＿＿＿＿＿＿＿＿＿＿＿＿＿＿＿＿＿ 

(4) ＿＿＿＿＿＿＿＿＿＿＿＿＿＿＿＿＿＿＿＿ 

사진 相片　찍다 照　읽다 读　다리 腿　다치다 受伤

综合练习

听 듣기

미리 提前　벨 铃　누르다 按　방면 方面　전동차 电车　승강장 站台, 月台　사이 间　조심하다 小心　열리다 开

안내방송을 듣고 질문에 대답하십시오. 听广播, 回答问题。

(1) 들은 내용과 같으면 ○, 다르면 ×를 하십시오.

　① 내리고 싶으면 벨을 누릅니다.　　　　　　　（　　）

　② 이번 정류장은 희망백화점입니다.　　　　　（　　）

　③ 이 안내방송은 지하철에서 들을 수 있습니다.　（　　）

(2) 들은 내용과 같으면 ○, 다르면 ×를 하십시오.

　① 이번 역에서는 왼쪽 문이 열립니다.　　　　　（　　）

　② 이 지하철을 타면 잠실에 갈 수 있습니다.　　（　　）

　③ 이 안내방송은 지하철 승강장에서 들을 수 있습니다.（　　）

 읽기

1. 아래 사진은 지하철 승강장 사진입니다. 사진을 보고 질문에 대답하십시오.
   下面是地铁站台的照片, 看图回答问题。

(1) 이 역은 어디입니까?

(2) 그림의 내용과 같으면 ○, 다르면 ×를 하십시오.

   ① 여기서 열차를 타면 사당에 갈 수 있습니다. (   )

   ② 3호선으로 갈아탈 수 있습니다.   (   )

   ③ 이번 열차는 동막행 열차입니다.   (   )

2. 아래를 보고 질문에 대답하십시오. 看图, 回答问题。

(1) 위의 그림들을 볼 수 없는 곳은 어디입니까? (　　)

① 버스　　　　② 지하철　　　　③ 비행기　　　　④ 택시

(2) 다음 중 그림의 내용에 맞는 것을 무엇입니까? (　　)

① 카드로 택시비를 낼 수 없습니다.

② 내릴 때 카드를 대면 돈을 절약할 수 있습니다.

③ 버스에서 물건을 잃어버리면 쉽게 찾을 수 없습니다.

열차 列车　호선 号线　행 行　결제 结账　현금 现金　신용카드 信用卡　아차 啊　잃어버리다 丢　확인하다 确认
문의하다 询问　대다 贴　혜택 优惠

 말하기

여행 계획을 짜서 〈보기〉와 같이 친구와 묻고 답하십시오.
制定旅行计划，依照例句与朋友互相问答。

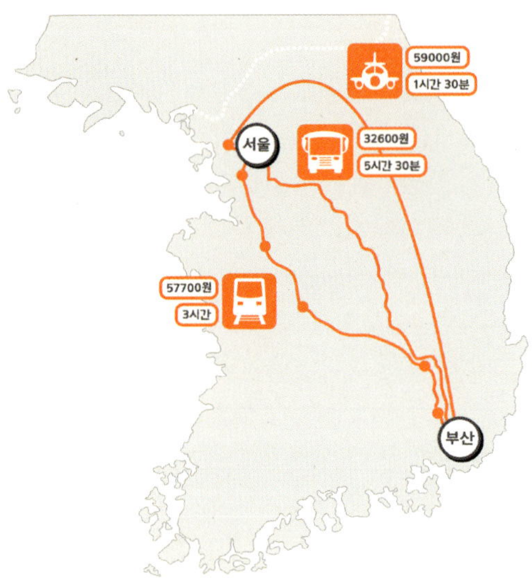

쉬리리 : 민수 씨 이번 방학에 뭐 할 거예요?

이민수 : 부산에 여행을 갈 거예요.

쉬리리 : 누구와 같이 갈 거예요?

이민수 : 친구와 같이 갈 거예요.

쉬리리 : 무엇을 타고 갈 거예요?

이민수 : 비행기를 타고 갈 거예요.

쉬리리 : 왜 KTX를 타지 않으세요?

이민수 : 비행기가 편하고 빨라서 좋아요.

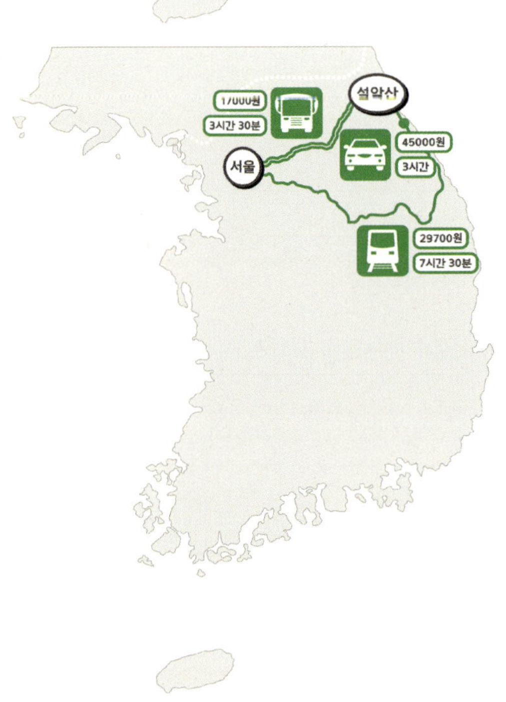

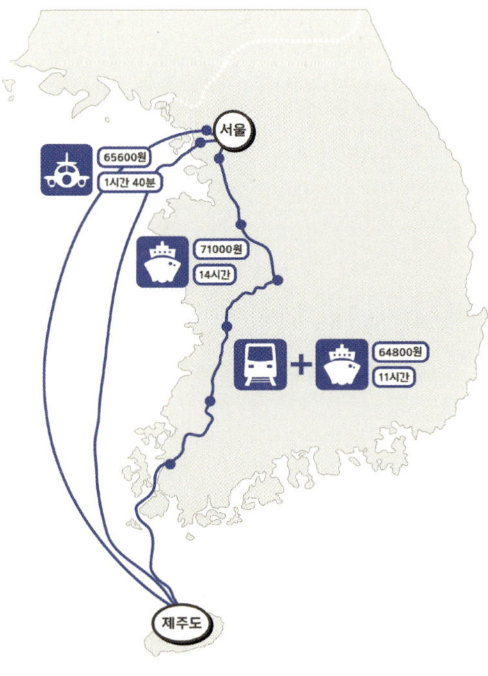

아래는 '국립중앙박물관' 홈페이지의 일부입니다. 홈페이지에 '찾아오시는 길' 설명을 올리려고 합니다. 아래의 그림을 참고하여 지하철로 '국립중앙박물관'에 가는 방법을 쓰십시오.

下面的图片是 '国立中央博物馆' 的网页。想在网页上传关于 '地理位置' 的说明。参考下面图片，写出坐地铁去 '国立中央博物馆' 的方法。

버스

초록버스 0211번이나 빨강버스 9502번 버스를 타고 '국립중앙박물관' 정류장에서 내리십시오.

지하철

首尔的公共汽车
서울의 버스

首尔的公共汽车根据运营路线可分成下面的4类路线。

黄色 (循环公共汽车)：在市区中心地带运营的公共汽车。只局限在汝矣岛和南山等市中心地区。

绿色 (支线公共汽车)：连接住处和副市区中心的公共汽车。包括了以住处为中心运营的小巴 (比普通公共汽车小的公共汽车) 和普通循环公共汽车。

青色 (干线公共汽车)：连接副市区中心-市区中心-副市区中心的公共汽车。比黄色和绿色公共汽车路线长。

红色 (广域公共汽车)：连接首都圈和市区中心的公共汽车。主要是长距离路线。

为了交通能够四通八达，正在运行着只有公共汽车才可以行使的'公共汽车专用车道'。这还分成公共汽车专用行使地段和指定上下班时间 (上午7:00-10:00和下午5:00-8:00) 内专用行使地段。而且换乘公共汽车时，还有换乘打折优惠。如果上下车时，将交通卡贴在设备上，不用额外付钱也可以坐公共汽车。

关于首尔公共汽车的消息请参考http://bus.seoul.go.kr。

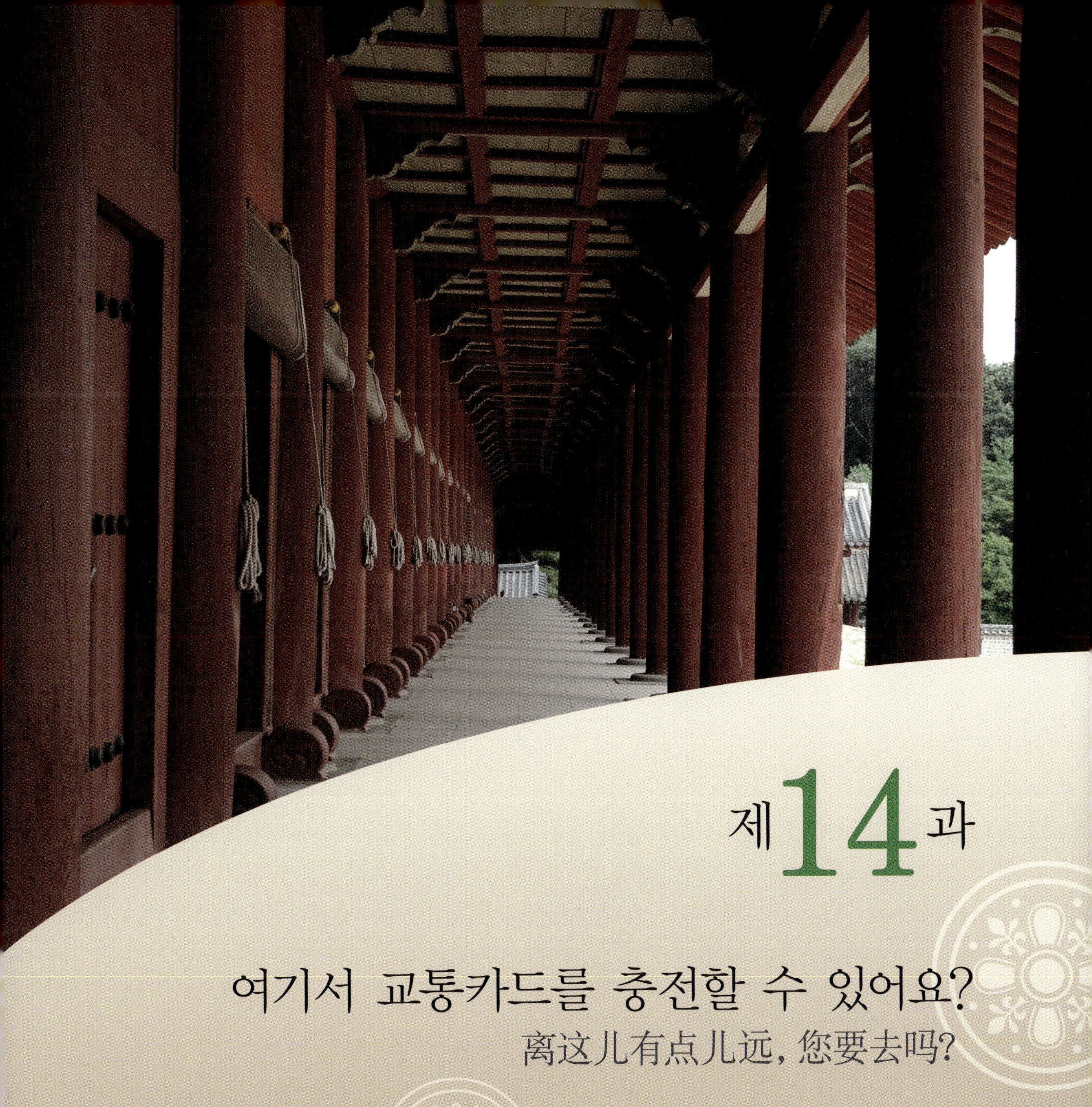

제14과

여기서 교통카드를 충전할 수 있어요?

离这儿有点儿远，您要去吗？

- **학습목표**　길 묻기
- **학습어휘**　길 설명 관련 어휘
- **학습문법**　−는데, −을 거예요, −어서

○○ 사거리
견인지역

(明明顺利到达了蚕室站，可是她因为找不到游乐公园入口而在周围徘徊。)

장밍밍 : 실례합니다. 놀이공원 입구가 어디예요?

행 인 : 여기서 조금 먼데 걸어서 가실 거예요?

장밍밍 : 걸어서 가면 얼마나 걸려요?

행 인 : 20분쯤 걸릴 거예요.

장밍밍 : 그럼 길을 좀 가르쳐 주세요.

행 인 : 저기 사거리까지 쭉 가서 오른쪽으로 가세요.

장밍밍 : 저기 신호등이 있는 사거리요?

행 인 : 네. 우회전해서 똑바로 100m 쯤 가면 횡단보도가 있어요.
　　　　횡단보도를 건너면 놀이공원 입구가 보일 거예요.

生词

실례하다 不好意思	놀이공원 游乐公园	입구 入口	멀다 远
걷다 走	걸리다 需要	쯤 左右	길 道, 路
가르치다 教	사거리 十字路口	쭉 一直	오른쪽 右侧
신호등 红绿灯	우회전 往右拐	똑바로 一直	횡단보도 人行横道
건너다 过			

课文注释

CD를 들으면서 따라하십시오. 听CD跟读。

장밍밍 : 실례합니다. 놀이공원 입구가 어디예요?
不好意思。游乐公园入口在哪儿？

행 인 : 여기서 조금 먼데 걸어서 가실 거예요?
离这儿有点儿远, 您要走着去吗？

장밍밍 : 걸어서 가면 얼마나 걸려요?
走着去需要多长时间？

행 인 : 20분쯤 걸릴 거예요.
需要２０分钟左右。

장밍밍 : 그럼 길을 좀 가르쳐 주세요.
那就告诉我路线吧。

행 인 : 저기 사거리까지 쭉 가서 오른쪽으로 가세요.
一直走到那个十字路口, 往右拐吧。

장밍밍 : 저기 신호등이 있는 사거리요?
那个有红绿灯的十字路口吗？

행 인 : 네. 우회전해서 똑바로 100m 쯤 가면 횡단보도가 있어요.
횡단보도를 건너면 놀이공원 입구가 보일 거예요.
好的。右拐以后一直走100米左右就有人行横道。过了人行横道以后,
就能看见游乐公园入口。

发音

- 입구가 [입꾸가]

ㄱ, ㄷ, ㅂ后接ㄱ时, 后接的ㄱ读成 [ㄲ]。

- 신호등 [시노등]

头音以外的ㅎ, 或发音逐渐减弱, 或几乎不发音。

- 똑바로 [똑빠로]

ㄱ, ㄷ, ㅂ后接ㅂ时, 后接的ㅂ读成 [ㅃ]。

语言点

1. ____动____는데
____形____은데/ㄴ데

接在动词或形容词词干后面，用于说明现状，后接疑问句提出与前面内容有关的问题。动词后接"－는데"。以收音收尾的形容词后接"－은데"，以元音收尾的名词后接"－ㄴ데"。

저는 불고기를 좋아하는데 밍밍 씨는 무엇을 좋아해요?
我喜欢吃烤肉, 明明喜欢什么?

지금 슈퍼마켓에 가는데 뭐 필요한 것 있으세요? 现在去超市, 你需要什么吗?

이건 좀 비싼데 싼 건 없어요? 这个有点儿贵, 有没有便宜的?

밖이 시끄러운데 무슨 일이 있어요? 外面很吵, 有什么事儿吗?

2. ____形____을/ㄹ 거예요

接在动词或形容词词干后面，表示进行有把握的推测。以收音收尾的动词或形容词后接"－을 거예요"，以元音收尾的动词或形容词后接"－ㄹ 거예요"。

주말에는 극장에 사람이 많을 거예요. 剧场周末人应该很多。

좀 머니까 걸어서 가면 힘들 거예요. 有点儿远, 所以走着有点儿累。

만화 영화니까 아이들이 좋아할 거예요. 是漫画电影, 孩子们应该会喜欢。

고추장이 많이 들어가서 좀 매울 거예요. 辣椒酱放得多, 可能有点儿辣。

3. ____动____어서/아서/여서

接在动词词干后面，表示之前的事情结束以后发生之后的事情。动词的词干以"아, 오"结束时，与"－어서"结合。不以"아, 오"结束时，与"－아서"结合。只有以"하다"结束的动词后加"－여서"成为"해서"。

매일 도서관에 가서 공부해요. 每天去图书馆学习。

주말에 친구를 만나서 영화를 봤어요. 周末和朋友见面看电影。

생일 선물로 옷을 사서 줬어요. 买衣服做生日礼物送给我。

부모님께 편지를 써서 부쳤어요. 给父母写信过去了。

___动___ 어서/아서/여서 // ___动___고

'– 어서 / 아서 / 여서'用于前半分句和后半分句的行为有紧密联系的情况。
'– 고'用于前半分句和后半分句的行为没有关联的情况。'– 어서 / 아서 / 여서'完成后半分句必须以前半分句为前提。

　　친구를 만나서 영화를 봤어요. 和朋友见面看电影了。（和朋友一起看电影了。）

　　친구를 만나고 영화를 봤어요. 和朋友见面看电影了。(不知道跟谁一起看了电影。)

| 육교 天桥 | 지하도 地下道 | 골목 胡同 | 건너편 对面 |
| 삼거리 三岔口 | 로터리 环路 | | |

| 오른쪽 右侧 | 왼쪽 左侧 | 좌회전 左转 | 우회전 右转 |
| 청바지 牛仔裤 | 블라우스 衫衣, 衬衫 | 정장 正装 | 양복 西服 |

| 돌아가다 回去 | 내려가다 下去 | 올라가다 上去 | 나가다 出去 |
| 나오다 出来 | 들어가다 进去 | | |

1.   ___动___ 는데
      ___形___ 은데/ㄴ데

〈보기〉와 같이 대화를 완성하십시오. 依照例句完成对话。

> 〈보기〉 가 : <u>여기서 조금 먼데</u> 걸어서 가실 거예요? (여기서 조금 멀다)
>   나 : 걸어서 가면 얼마나 걸려요?

(1) 가 : __________는데/은데/ㄴ데 빌려 주시겠어요? (돈이 없다)

   나 : 네, 제가 빌려 드릴게요.

(2) 가 : __________는데/은데/ㄴ데 같이 가시겠어요? (백화점에 가다)

   나 : 몇 시에 가실 거예요?

(3) 가 : __________는데/은데/ㄴ데 무슨 선물을 줄 거예요? (밍밍 씨 생일이다)

   나 : 밍밍 씨가 책을 좋아하니까 소설책을 줄 거예요.

(4) 가 : __________는데/은데/ㄴ데 내일 만날 수 있어요? (하고 싶은 이야기가 있다)

   나 : 네, 내일은 수업이 없어서 시간이 많아요.

2. ____ 动 ____ 어서/아서/여서

〈보기〉와 같이 문장을 완성하십시오. 依照例句完成句子。

〈보기〉

저기 사거리까지 쭉 <u>가서</u> 오른쪽으로 가세요.

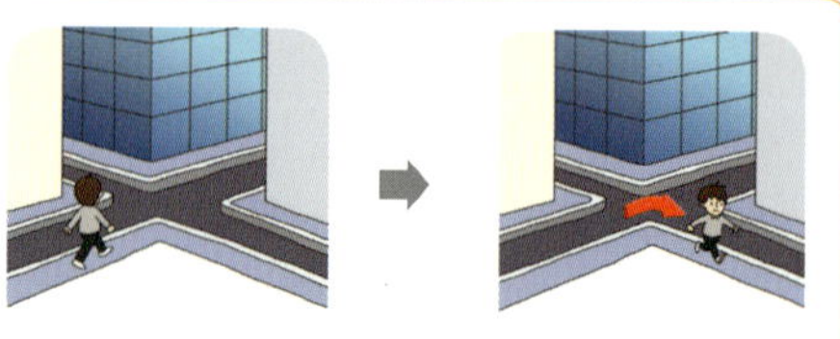

(1) _______________________________________

 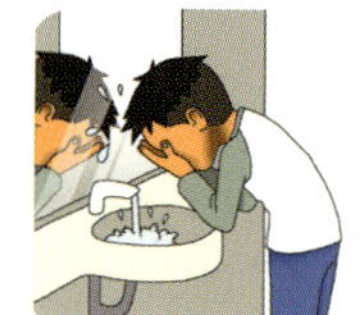

(2) _______________________________________

(3) _______________________________________

(4) _______________________________________

빌리다 借　　소설책 小说书

听 듣기

이야기를 듣고 약도를 보면서 질문에 대답을 하십시오. 听后, 看简图回答问题。

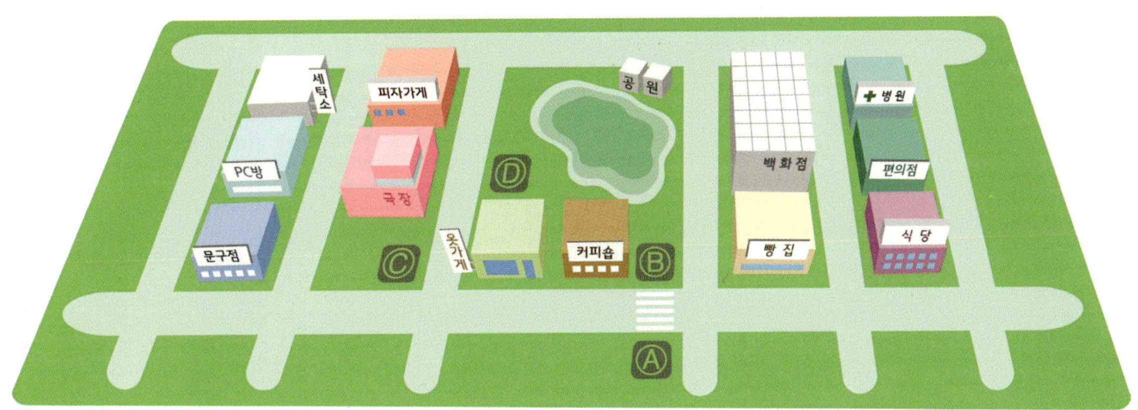

(1) 밍밍 씨는 지금 어디에 있습니까?

    ① Ⓐ   ② Ⓑ   ③ Ⓒ   ④ Ⓒ

(2) 밍밍 씨는 어디에 가고 싶어 합니까?

    ① 극장   ② 옷가게   ③ 횡단보도   ④ 피자가게

(3) 들은 내용과 같으면 ○, 다르면 ×를 하십시오.

    ① 커피숍 뒤에 피자가게가 있습니다.   (   )

    ② 옷가게 옆에 극장이 있습니다.   (   )

    ③ 밍밍 씨는 걸어서 갈 거예요.   (   )

 읽기

아래를 보고 질문에 대답하십시오. 看图, 回答问题。

(1) 여기는 무슨 역입니까?

(2) 그림의 내용과 같으면 ○표, 다르면 ×를 하십시오.

① 출구가 모두 2개 있습니다. ( )

② 이것은 버스 노선도입니다. ( )

③ 1번 출구로 나가면 종로 소방서에 갈 수 있습니다. ( )

주변지역 周边地区   안내도 示意图   소방서 消防队   노선도 路线图

 말하기

다음 약도를 보고 약속장소를 〈보기〉와 같이 묻고 대답하십시오. 看简图, 依照例句进行问答。

장밍밍 : 오늘 어디에서 만나요?

박진호 : 7시까지 〈맛있는 불고기〉로 오세요.

장밍밍 : 어떻게 가요?

박진호 : 종각역 2번 출구로 나와서 100m 쯤 가면 횡단보도가 있어요.

그 횡단보도를 건너서 오른쪽으로 가면 〈맛있는 불고기〉가 보일 거예요.

写 쓰기

친구와 약속을 하려고 합니다. 약속장소를 정하고 가는 방법을 〈보기〉와 같이 약도를 그린 후에 메모해서 친구에게 주십시오. 想和朋友约会, 把定约会地点和去的方法画出简图给朋友。

〈보기〉

4호선 명동역 2번 출구로
나와서 똑바로 100m 쯤
가면 사거리가 나와요.
사거리에서 우회전하면
왼쪽에 피자가게가 있어요.

首尔的地铁
서울의 지하철

首尔地铁现在开通运营了1-9号线。地铁根据号线指定的颜色不同，所以坐地铁的时候，记住各个号线的颜色就可以方便乘坐。而且首尔地铁的换乘站太多，所以必须确认好换乘站的位置和换乘的方向才可以准确乘坐。

如果想了解地铁的列车时间表或地铁遗失物品中心和关于地铁站的文化活动消息，可以参考以下网址。

公共汽车和地铁是可以互相优惠换乘的。公共汽车换地铁或地铁换公共汽车时，换乘的几乎都是免费的。关于首尔市交通的详细情报，您可以在http://topis.seoul.go.kr查询。

1-4号线：首尔Metro(http://www.seoulmetro.co.kr)
5-8号线：首尔都市铁道(http://www.smrt.co.kr)
9号线：首尔市 Metro 9号线(http://www.metro9.co.kr)

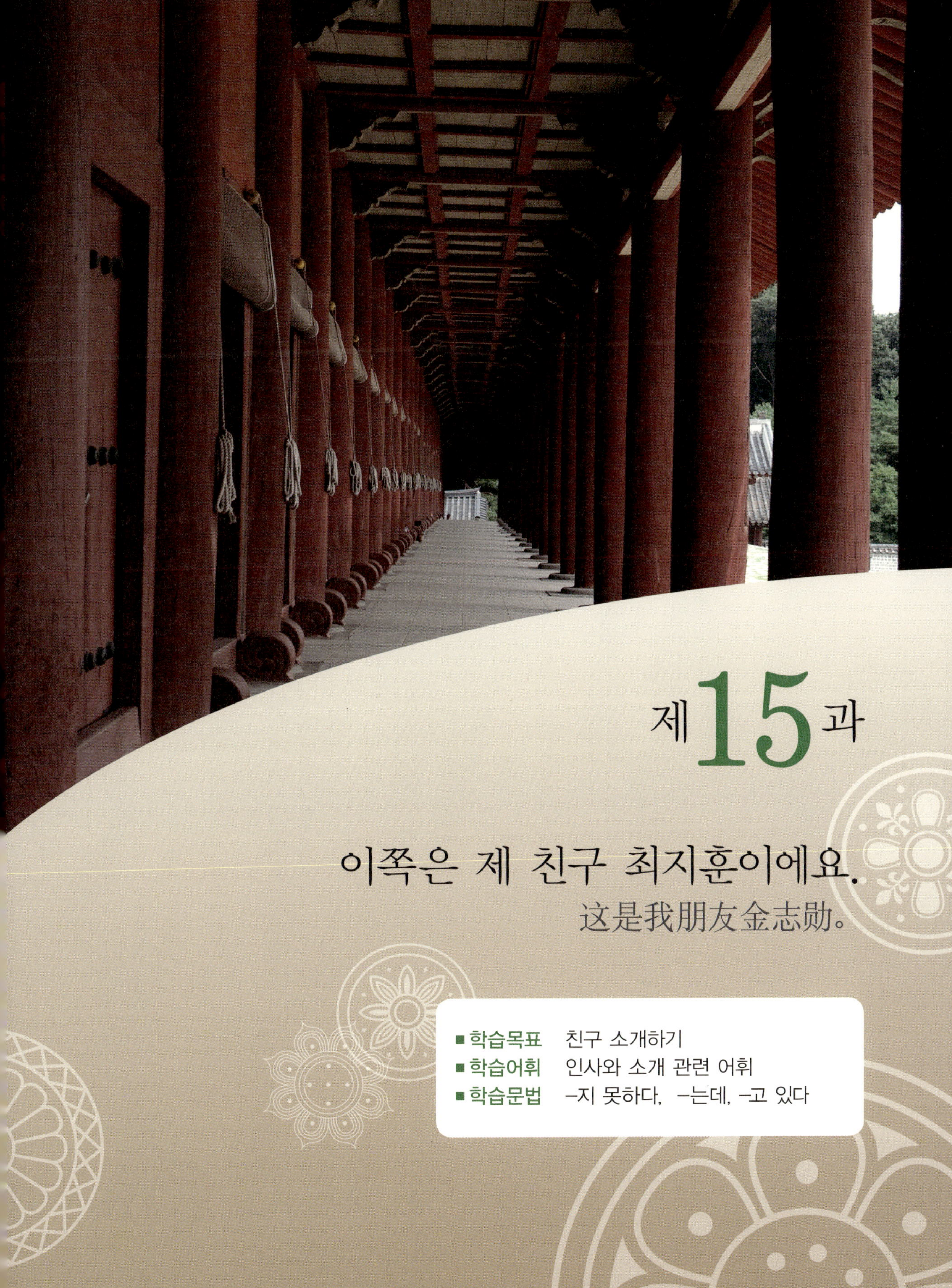

제15과

이쪽은 제 친구 최지훈이에요.
这是我朋友金志勋。

■ 학습목표   친구 소개하기
■ 학습어휘   인사와 소개 관련 어휘
■ 학습문법   –지 못하다, –는데, –고 있다

(明明按照行人告诉他的路线找到了游乐公园。镇浩和镇浩的朋友志勋在游乐公园前面互相问好。)

장밍밍 : 죄송합니다. 제가 좀 늦었습니다.

박진호 : 저희도 방금 왔습니다. 찾기가 힘들지 않았어요?

장밍밍 : 입구를 찾지 못해서 좀 헤맸어요.

박진호 : 인사하세요. 이쪽은 제 친구 최지훈이에요.

장밍밍 : 안녕하세요? 저는 장밍밍이에요.

박진호 : 지훈이는 제 고등학교 친구인데 지금 무역 회사에서 일하고 있어요.

최지훈 : 만나서 반가워요. 요즘 제가 중국어를 배우고 있는데 나중에 좀 가르쳐 주세요.

生词

죄송하다 对不起	늦다 晚	방금 刚才	힘들다 累	헤매다 徘徊
인사하다 问候	말씀 话	듣다 听	고등학교 高级中学	무역 贸易
회사 公司	중국어 汉语	나중에 以后		

课文注释

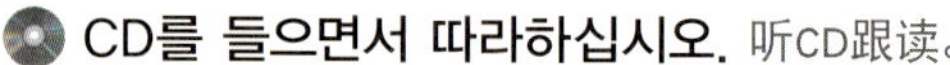 CD를 들으면서 따라하십시오. 听CD跟读。

장밍밍 : 죄송합니다. 제가 좀 늦었습니다.
对不起，我来晚了。

박진호 : 저희도 방금 왔습니다. 찾기가 힘들지 않았어요?
我们也是刚到。不好找吧？

장밍밍 : 입구를 찾지 못해서 좀 헤맸어요.
因为找不到入口，徘徊了一会儿。

박진호 : 인사하세요. 이쪽은 제 친구 최지훈이에요.
问候一下。这是我的朋友崔志勋。

최지훈 : 말씀 많이 들었습니다. 최지훈이라고 합니다.
久仰大名。我叫崔志勋。

장밍밍 : 안녕하세요? 저는 장밍밍이에요.
你好。我是张明明。

박진호 : 지훈이는 제 고등학교 친구인데 지금 무역 회사에서
일하고 있어요.
志勋是我高中同学，现在在一家贸易公司工作。

최지훈 : 만나서 반가워요. 요즘 제가 중국어를 배우고 있는데
나중에 좀 가르쳐 주세요.
见到你很高兴。最近我在学汉语，以后教我一点儿。

저희

‘저희’是‘저’的复数形式，是有礼貌的谦让语。
从语义上看，与‘우리’相同。
原文的‘저희’与‘우리’可以互换使用。
但是与长辈交谈时，必须使用‘저희’。

이는/는

人名以收音收尾时，‘는’前加‘이’。

지훈이는

진호는

반갑다(‘ㅂ’谓词)

一部分带“ㅂ”的动词词干后如果有元音，“ㅂ”就变成“우”。

반갑다 高兴 + 어요
→ 반가워요

춥다 冷 + 어요 → 추워요

除此之外，‘입다’、‘잡다’、‘씹다’、‘좁다’类动词，虽然有ㅂ，但不属于ㅂ谓词。

입다 穿 + 어요 → 입어요

잡다 抓 + 어요 → 잡아요

- 저희[저히]

‘희’读成 [히]。
韩国语的声母和‘ㅢ’结合时，‘ㅢ’读成 [ㅣ]。

희망[히망]　흰색[힌색]　무늬[무니]

- 지훈이는[지후니는]

收音后接元音时，收音就连音读成下一个音节的头音。
‘죄송하다’比‘미안하다’更恭敬一些。

1. ____动____지 못하다

接在动词词干后面，表示没有能力或不能随心所欲。也可以使用'못____动____'。

저는 춤을 잘 추지 못해요. 我不太会跳舞。

한국말을 몰라서 한국 신문을 못 읽어요. 因为不知道韩国语，所以不能读韩国报纸。

스미스 씨는 술을 한 방울도 못 마셔요. 史密斯一滴酒都不能喝。

약속을 지키지 못해서 미안합니다. 没能守约，对不起。

2. ____动____고 있다

接在动词词干后面，表示动作正在进行当中。

한국에서 한국말을 배우고 있어요. 在韩国学习韩国语。

지금 뭐 하고 있어요? 现在在做什么呢？

밍밍 씨하고 이야기하고 있는 사람이 지훈 씨예요. 在和明明聊天的人是志勋。

모두들 기다리고 있으니까 빨리 오세요. 大家都在等着，快来吧。

3. ____动____는데

____形____은데/ㄴ데

接在动词或形容词词干后面, 多在说明状况时使用, 后接的句子包含有与前面的内容相关联的附加情报。动词后接 "−는데"。以收音收尾的形容词后接 "−은데", 以元音收尾的形容词后接 "−ㄴ데"。(☞14课 −는데)

요즘 태권도를 배우는데 참 재미있어요. 最近学太拳道, 非常有趣。

어제 학교 근처에서 교통사고가 났는데 사람들이 많이 다쳤어요.
昨天在学校附近发生了交通事故, 很多人受伤了。

남대문시장 물건은 싼데 질이 좋아요. 南大门的东西很便宜, 质量很好。

이 가방은 어머니가 주신 선물인데 예쁘고 튼튼해요.
这个包是妈妈给我的礼物, 不仅好看, 很结实。

유치원 幼儿园	초등학교 小学	중학교 初级中学	고등학교 高级中学
대학교 大学	대학원 研究所		
동창 同窗	동문 同门	선배 前辈	후배 后辈
반 친구 班同学	방 친구(룸메이트) 同屋		
회사원 公司职员	은행원 银行职员	변호사 律师	의사 医生
경찰 警察	교사 教师	주부 主妇	

1. ____ 动 ____ 지 못하다

〈보기〉와 같이 대화를 완성하십시오. 依照例句完成对话。

〈보기〉 가 : 찾기가 힘들지 않았어요?

나 : 입구를 찾지 못해서 좀 헤맸어요.

(1) 가 : 동창들을 자주 만나세요?

나 : ___________________________

(2) 가 : 불고기 좀 드세요.

나 : ___________________________

(3) 가 : 한국 신문을 읽을 수 있어요?

나 : ___________________________

(4) 가 : 롤러코스터를 탑시다.

나 : ___________________________

2. _____动____고 있다

그림을 보고 〈보기〉와 같이 문장을 완성하십시오. 看图，依照例句完成对话。

〈보기〉 마리꼬 씨는 <u>전화를 하고 있어요</u>.

(1) 왕룽 씨는 _________________________________

(2) 민수 씨는 _________________________________

(3) 밍밍 씨는 _________________________________

(4) 진호 씨는 _________________________________

롤러코스터 过山车　　신문 报纸　　전화 电话

듣기

이야기를 듣고 질문에 대답하십시오. 听后, 回答问题。

(1) 승기 씨의 직업은 무엇입니까? (　　　)

　　① 회사원　　　　　② 대학원생　　　　③ 은행원　　　　　④ 모르겠다

(2) 들은 내용과 같으면 ◯, 다르면 ×를 하십시오.

　　① 두 사람은 처음 만났습니다.　　　　　　　(　　　)

　　② 마리꼬 씨가 명함을 주었습니다.　　　　　(　　　)

　　③ 마리꼬 씨는 광고 회사에서 일하고 있습니다. (　　　)

 읽기

아래의 그림을 보고 질문에 대답하십시오. 看图, 回答问题。

(1) 강신우 씨 직업은 무엇입니까?

(2) 정재희 씨는 어디에서 일합니까?

(3) 이수진 씨가 일하는 곳의 주소를 쓰십시오.

공학박사 工学博士　주소 地址　우편번호 邮编　시 市　구 区　동 洞　팩스 传真　이메일 邮件　고객관리실 顾客管理室
실장 室长　수영 游泳　강사 讲师　스포츠센터 体育中心

说 말하기

아래의 내용을 보고 〈보기〉와 같이 친구를 소개해 보세요. 看图, 依照例句介绍你的朋友。

〈보기〉

이름: 김민아

생일 : 10월 25일

고향 : 서울

직업 : 대학생

학력 : 한국대학교 영문학과 4학년

취미 : 영화 보기

제 친구 김민아를 소개하겠습니다.

민아는 제 고등학교 동창인데 공부를 아주 잘 하는 친구예요.

지금 한국대학교 영문학과 4학년입니다.

민아의 생일은 10월 25일이고, 고향은 서울이에요.

민아는 영화를 좋아합니다.

그래서 친구들과 같이 극장에 자주 갑니다.

이름 : _______________________

생일 : _______________________

고향 : _______________________

직업 : _______________________

학력 : _______________________

취미 : _______________________

학력 学历   졸업 毕业   스키 滑雪   취미 爱好

쓰기

친구 관계를 조사하는 설문지입니다. 빈 칸을 채우십시오.
下面是关于朋友关系的调查问卷, 填写问卷。

〈응답자 정보〉

나이 : 10대 ☐　　20대 ☐　　30대 ☐　　40대 ☐

성별 : 남 ☐　　　여 ☐

국적 : _______________________

직업 : _______________________

〈질문〉

1. 외국 친구가 있습니까?

있다 ☐　　　없다 ☐

1-1 외국 친구가 몇 명 있습니까?

1-5명 ☐　　5-10명 ☐　　10명 이상 ☐

1-2 외국 친구가 어느 나라 사람입니까?

한국 ☐　　일본 ☐　　미국 ☐　　영국 ☐　　독일 ☐　　기타 ☐

1-3 외국 친구하고 무엇을 같이 합니까?

1-4 어느 나라 사람과 친구를 하고 싶습니까?

한국 ☐　　일본 ☐　　미국 ☐　　영국 ☐　　독일 ☐　　기타 ☐

1-5 외국 친구하고 무엇을 같이 하고 싶습니까?

응답자 应试者　　정보 消息　　나이 年纪　　대 代　　성별 性别　　국적 国籍　　질문 问题　　외국 外国　　기타 其他

认识异性朋友
이성 친구 만나기

认识异性朋友的方法有很多, 这里主要介绍一下一般认识异性朋友的方法。韩国的年轻人认识异性朋友的方法有三种。

一个是'미팅'。미팅是英文的'meeting', 好几个年轻男女凑在一起, 找出有好感的对象的方法。

另一个是'소개팅'。소개팅是'介绍'和'meeting'中的'ting'结合而成的。如果미팅是'多对多'的, 那소개팅则是男女各一名, 也就是'一对一'的见面。

再一个是'맞선'。形式上是一对一见面, 所以类似于소개팅。可是如果说미팅或소개팅是大学生认识异性朋友的方法, 那맞선则是以结婚为前提的双方都很认真。

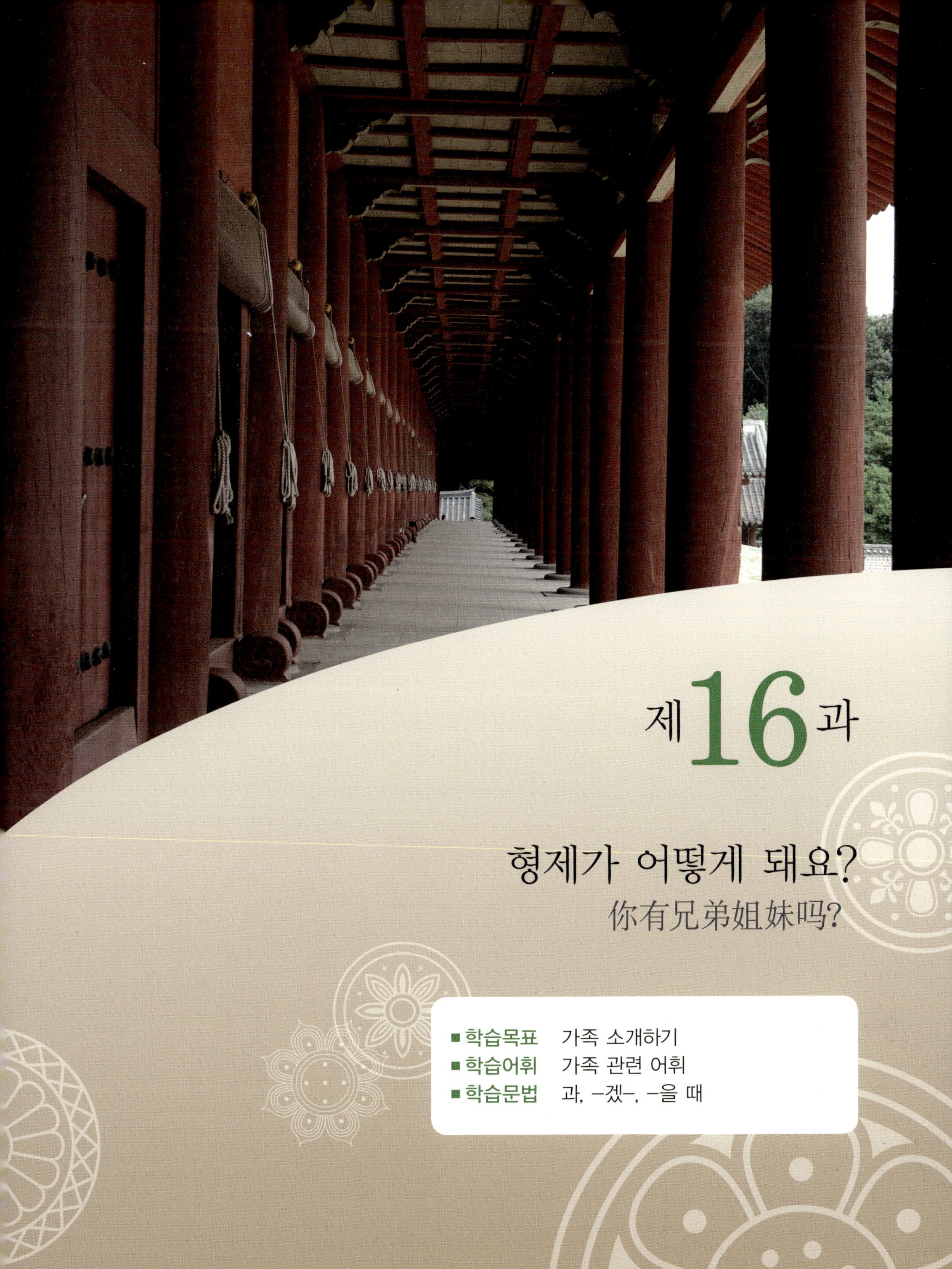

제16과

형제가 어떻게 돼요?
你有兄弟姐妹吗?

■ 학습목표   가족 소개하기
■ 학습어휘   가족 관련 어휘
■ 학습문법   과, -겠-, -을 때

课文

(去游乐公园的三个人，玩儿了一会儿以后坐在长椅上休息。志勋和明明趁镇浩去买饮料，谈论彼此的家庭成员。)

최지훈 : 밍밍 씨는 형제가 어떻게 돼요?

장밍밍 : 저는 외동딸이에요. 지훈 씨는요?

최지훈 : 형과 누나, 그리고 여동생이 있어요.

장밍밍 : 형제가 많아서 좋겠어요.

최지훈 : 네, 어려운 일이 있을 때 서로 도와주니까 좋아요.
　　　　하지만 어렸을 때는 형하고 많이 싸웠어요.

장밍밍 : 형은 무슨 일을 하세요?

최지훈 : 회사원이에요. 지금은 결혼해서 따로 살고 있어요.

장밍밍 : 가족들이 모두 모이면 참 재미있겠어요.

生词

형제 兄弟姐妹	외동딸 独生女	형 哥哥	누나 姐姐	여동생 妹妹
도와주다 帮助	어리다 小	싸우다 打架	결혼하다 结婚	따로 另外
모이다 聚	참 真			

课文注释

💿 CD를 들으면서 따라하십시오. 听CD跟读。

최지훈: 밍밍 씨는 형제가 어떻게 돼요?
你有兄弟姐妹吗?

장밍밍: 저는 외동딸이에요. 지훈 씨는요?
我是独生女。你呢?

최지훈: 형과 누나, 그리고 여동생이 있어요.
有哥哥和姐姐,还有妹妹。

장밍밍: 형제가 많아서 좋겠어요.
兄弟姐妹多,真好。

최지훈: 네, 어려운 일이 있을 때 서로 도와주니까 좋아요.
하지만 어렸을 때는 형하고 많이 싸웠어요.
是啊,有难事儿的时候,可以互相帮助,挺好的。可是小时候跟哥哥吵了很多架。

장밍밍: 형은 무슨 일을 하세요?
哥哥做什么工作?

최지훈: 회사원이에요. 지금은 결혼해서 따로 살고 있어요.
公司职员。现在已经结婚了,单过呢。

장밍밍: 가족들이 모두 모이면 참 재미있겠어요.
家人聚在一起,应该很有意思吧。

发音

• 많아서[마나서]
'ㅎ'读成 [ㅎ]。
头音以外的ㅎ,或发音逐渐减弱,或几乎不发音。

• 좋겠어요[조케써요]
ㅎ后接ㄱ时,后接的ㄱ读成 [ㅋ]。

• 가족이[가조기]
收音后接元音时,收音就连音读成下一个音节的头音。

1.   名 과/와 名

连接名词和名词的时候使用。以收音收尾的名词后接'과'，以元音收尾的名词后接'와'。

식탁 위에 꽃과 시계가 있습니다. 饭桌上有花和表。

남대문 시장에 가서 옷과 신발을 샀습니다. 去南大门市场买衣服和鞋子了。

저는 과일 중에서 사과와 배를 좋아해요. 在水果中，我喜欢苹果和梨。

불고기와 냉면은 한국의 전통 음식입니다. 烤肉和冷面是韩国的传统饮食。

补充

名 하고 //   名 과/와

'하고'多用于口语，'과/와'多用于书面语。

2.   动 겠－

接在动词词干后面，表示有把握的推测。

주말이니까 교통이 복잡하겠어요. 周末了，交通会复杂的。

광고를 보니까 영화가 아주 재미있겠어요. 看广告，感觉电影应该会很有意思。

성격이 좋아서 친구에게 인기가 많겠어요. 他性格好，应该在朋友中很有人气。

오늘 서울의 날씨는 흐린 뒤 맑겠습니다. 今天首尔的天气阴转晴。

主语为第一人称时，表示意志。

지금부터 제 친구들을 소개하겠습니다. 现在开始，我来介绍一下我的朋友。

학교 정문에서 기다리겠어요. 我会在学校正门等你的。

___动 / 形___ 겠어요 //　___动 / 形___ 을/ㄹ 거예요 //　___动 / 形___ 을/ㄹ 것 같아요

'-겠어요', '-을/ㄹ 거예요', '-을/ㄹ 것 같아요' 都可以用于推测。

'-겠어요' 用于基于比较有说服力的根据进行推测, 可行性较高。由于 '-을/ㄹ 거예요' 不是基于有说服力的根据的推测, 所以比起 '-겠어요' 缺乏说服力。'-을/ㄹ 것 같아요' 是发话者凭自己情绪进行的推测, 可行性较低。

　　내일 소나기가 오겠습니다. 明天会下暴雨。(可行性高, 多用于天气预报)

　　내일 소나기가 올 거예요. 明天可能下暴雨。(有一定的较高的可行性)

　　내일 소나기가 올 것 같아요. 明天好像要下暴雨。(可行性低, 发话者个人色彩较浓)

由于 '-겠어요' 是基于有说服力的根据进行的推测, 所以主语为第3人称时, 表示可行性较高的 '推测', 而主语为第1人称时, 则表示主语的 '意志'。

　　음식이 맛있어서 손님이 많겠어요. 菜好吃, 客人应该很多。(推测)

　　저는 이번 방학에 설악산에 가겠어요. 这次放假, 我要去雪岳山。(意志)

由于 '-을/ㄹ 것 같아요' 表示不确定的推测, 所以不能用于以第1人称为主语的句子。

　　내일도 날씨가 흐릴 것 같아요. 明天好像也要阴天。(推测)

　　오늘 저는 학교에 갈 것 같아요. (×)

3.　___动 / 形___ 을/ㄹ 때

接在动词或形容词词干后面, 表示动作发生的时间。以收音收尾的动词后接 '-을 때', 以元音收尾的动词则后接 '-ㄹ 때'。动作结束的时间用 '-었/았/였을 때' 表示。

　　길을 건널 때는 좌우를 살펴야 해요. 过马路的时候, 得左右观望。

　　심심할 때 뭘 하세요? 无聊的时候, 做什么呢?

　　학교에 도착했을 때 수업이 시작되었어요. 到学校的时候, 已经开始上课了。

　　추석 때 고향에서 초등학교 친구를 만났어요.
中秋节的时候, 在老家见到了小学朋友。

___动 / 形___ 을/ㄹ 때 // ___动 / 形___ 었을/았을/였을 때

在 '___动/形_ 을/ㄹ 때 ______' 中，前半分句的时态与后半分句的时态有可能不一致。若前半分句与后半分句的事件时态相同，则使用 '–을/ㄹ 때'；若前半分句的事件结束以后才能发生后半分句，则使用 '–었을/았을/였을 때'。

한국에 올 때 진호를 처음 만났어요. 来韩国的时候，第一次见到了镇浩。(在飞机上)

한국에 왔을 때 진호를 처음 만났어요. 来韩国的时候，第一次见到了镇浩。(到韩国以后)

할아버지 爷爷 할머니 奶奶 / 외할아버지 外公 외할머니 外婆 / 아버지 爸爸 어머니 妈妈

큰 아버지 大爷 큰 어머니 大娘 / 작은 아버지 叔叔 작은 어머니 婶婶 / 고모 姑姑 고모부 姑父 / 삼촌 叔叔

외숙부(외삼촌) 舅舅 외숙모 舅妈 / 이모 姨妈 이모부 姨夫

1. _____动___겠-

〈보기〉와 같이 문장을 완성하십시오. 依照例句完成句子。

> 〈보기〉
>
> 가 : 형과 누나, 그리고 여동생이 있어요.
>
> 나 : 형제가 많아서 <u>좋겠어요</u>.

(1) 가 : 다음 주에 유럽으로 여행을 가요.

　　나 : ____

(2) 가 : 어머니가 병원에 입원하셨어요.

　　나 : ____

(3) 가 : 이번에 장학금을 받았어요.

　　나 : ____

(4) 가 : 요즘 회사에 일이 많아서 밤 12시에 집에 돌아가요.

　　나 : ____

2. ____动/形____ 을/ㄹ 때

〈보기〉와 같이 문장을 완성하십시오. 看图, 依照例句完成对话。

〈보기〉 가 : 형제가 많아서 좋겠어요.

나 : 네, 어려운 일이 <u>있을 때</u> 서로 도와주니까 좋아요.

(1) 가 : 시간이 있을 때 뭘 하세요?

나 : _______________________________

(2) 가 : 무엇을 할 때 기분이 좋아요?

나 : _______________________________

(3) 가 : 방학 때 뭘 할 거예요?

나 : _______________________________

(4) 가 : 학교에 갔을 때 누가 있었어요?

나 : _______________________________

유럽 欧洲　　여행 旅行　　입원하다 住院　　장학금 奖学金　　기분 心情

听 듣기

자기 自己   소개하다 介绍   각자 各自   가족 家族   시안 西安   관광지 观光区   생신 "生日"的敬语   인삼차 人参茶
증권 회사 证券公司   상하이 上海

이야기를 듣고 관계있는 것을 찾아서 모두 연결하십시오. 听后，将相对应的内容连线。

왕룽 •

스미스 •

쉬리리 •

• 중국 사람입니다.

• 가족이 네 명입니다.

• 한국 드라마를 좋아합니다.

• 가족이 다섯 명입니다.

• 부모님께서 일본에 계십니다.

• 여동생이 있습니다.

• 이번 주말이 외할머니 생신입니다.

• 회사원입니다.

• 고향이 관광지입니다.

• 부모님께서 한국에 오십니다.

读 읽기

다음 〈가족 신문〉을 읽고 질문에 대답하십시오. 读下面的<家庭报纸>，回答问题。

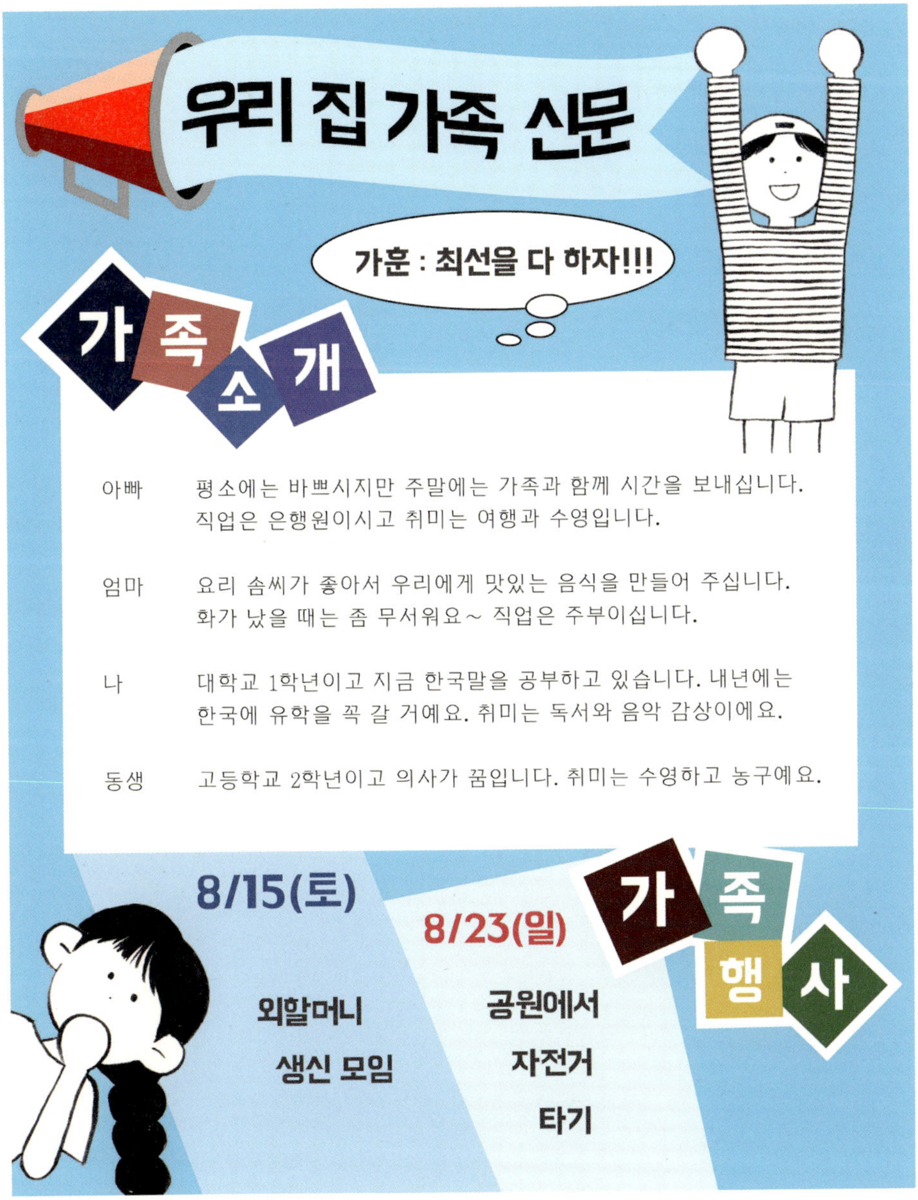

우리 집 가족 신문

가훈 : 최선을 다 하자!!!

가족 소개

아빠	평소에는 바쁘시지만 주말에는 가족과 함께 시간을 보내십니다. 직업은 은행원이시고 취미는 여행과 수영입니다.
엄마	요리 솜씨가 좋아서 우리에게 맛있는 음식을 만들어 주십니다. 화가 났을 때는 좀 무서워요~ 직업은 주부이십니다.
나	대학교 1학년이고 지금 한국말을 공부하고 있습니다. 내년에는 한국에 유학을 꼭 갈 거예요. 취미는 독서와 음악 감상이에요.
동생	고등학교 2학년이고 의사가 꿈입니다. 취미는 수영하고 농구예요.

가족 행사

8/15(토) 외할머니 생신 모임

8/23(일) 공원에서 자전거 타기

(1) 우리 가족은 모두 몇 명입니까?

(2) 아버지와 어머니는 무슨 일을 하십니까?

⑶ 내용과 같으면 ○, 다르면 ×를 하십시오.

　　① 일요일에 외할머니 생신 모임이 있습니다.　　(　　)

　　② 저는 책 읽기를 좋아합니다.　　(　　)

　　③ 저는 지금 한국에 있습니다.　　(　　)

　　④ 아버지와 동생은 수영을 좋아합니다.　　(　　)

가훈 家训　최선 最大的努力　평소 平时　요리 솜씨 做菜手艺　화가 나다 生气　무섭다 害怕　유학 留学　꼭 一定　꿈 梦
음악 音乐　감상 感想　독서 读书　행사 庆典　모임 聚会

 말하기

1. 옆 친구하고 가족 관계를 이야기하고 빈 칸을 채우십시오. 和朋友谈论各自的家庭关系, 填空。

	〈보기〉	친구 1	친구 2
가족이 모두 몇 명이에요?	3명		
가족은 어디에 있어요?	베이징		
무슨 일을 하세요?	아버지 : 회사원 어머니 : 선생님		
가족과 함께 있을 때 무엇을 해요?	텔레비전을 보다		
가족과 함께 무엇을 하고 싶어요?	여행		

2. 위의 내용으로 친구의 가족을 소개하십시오. 参照上面的内容, 介绍一下朋友的家人。

〈보기〉

제 친구 가족은 모두 세 명이에요.

아버지하고 어머니하고 제 친구예요.

친구 가족은 베이징에 계세요.

아버지는 회사원이시고 어머니는 선생님이세요.

친구는 가족과 함께 있을 때 텔레비전을 봐요.

친구는 가족과 함께 여행을 가고 싶어해요.

계시다 "在, 有"的敬语

 쓰기

아래는 '한국어 교류 활동 신청서'입니다. 자세히 쓰십시오.
填写下面的《韩国语交流活动申请书》。

한국어 교류 활동 신청서

성명/한글		성명/영문		국적
성별		나이(생년월일) ______세 (　　　년　　　월　　　일)		종교
주소				
전화		이메일		

가족 관계

이름	관계	생년월일	직업

취미

한국 친구와 하고 싶은 활동

교류 交流　활동 活动　신청서 申请书　성명 姓名　한글 韩文　영문 英文　세 岁　년 年　생년월일 出生年月日
종교 宗教　관계 关系

韩国人的姓名
한국 사람의 이름

　　韩国人的姓名是由姓和名子组成的。姓一般随爸爸的姓。韩国最普遍的姓氏是金、李、朴、崔、郑、姜。名子一般以两个字的居多（包括姓就３个字），且多用汉字形式。可是最近也有很多不定长的名子和韩文名子。

　　韩国人的名子有一种叫'돌림자'形式。'돌림자'就是兄弟姐妹的名子中都包含有一个相同的字。'돌림자'早已写在表示家族历史的家谱里，它随祖籍和派别不定。传统的韩国社会里，男孩子的名子里必须加'돌림자'，可是由于最近大家都重视个性，所以也有不用'돌림자'的。

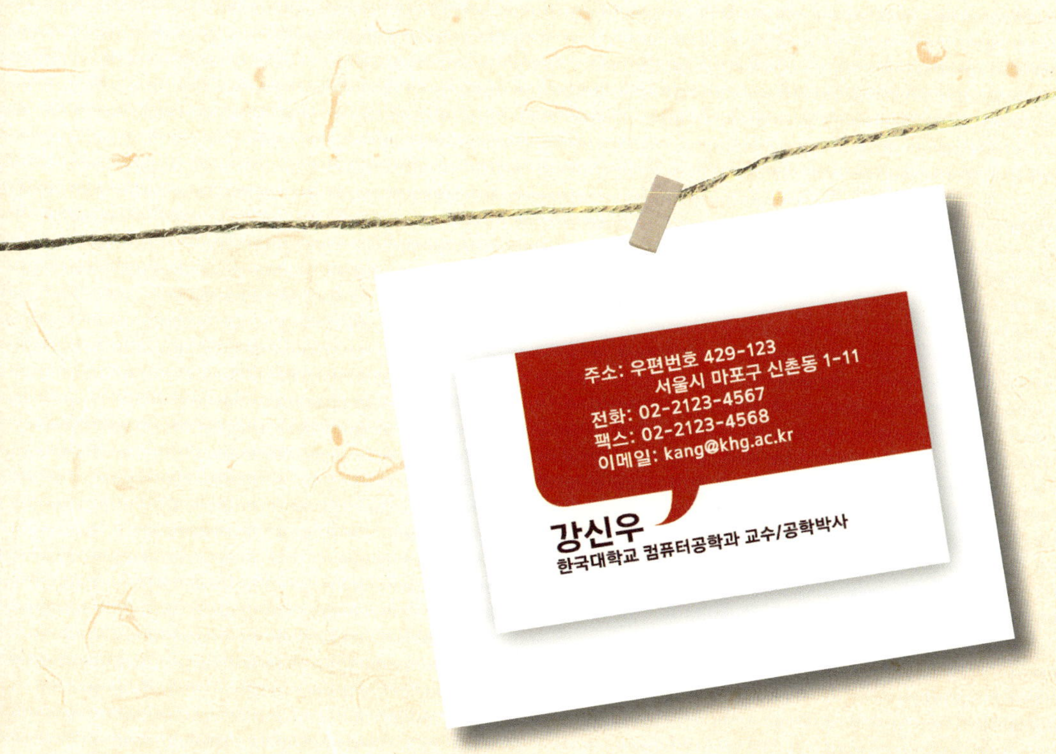

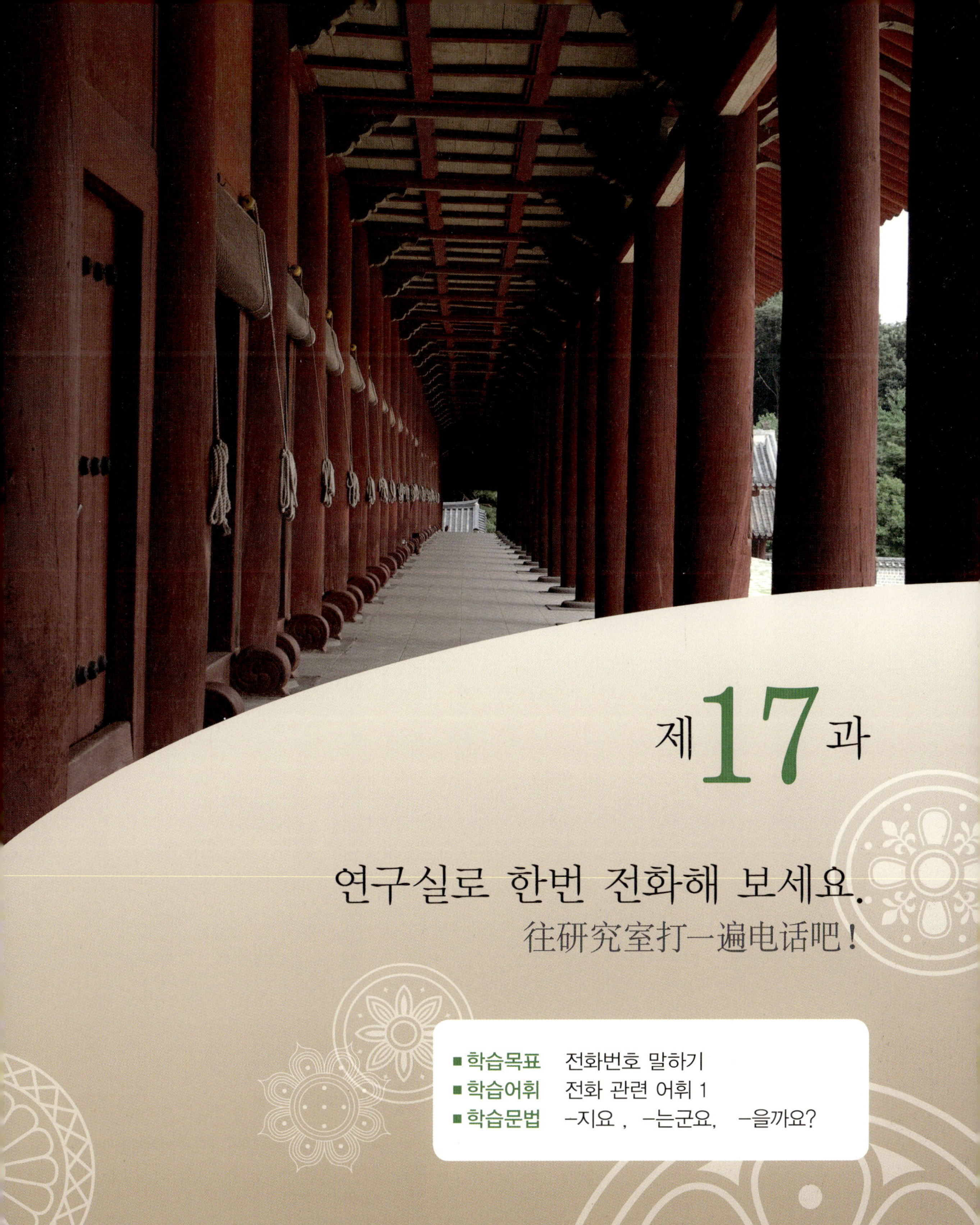

제17과

연구실로 한번 전화해 보세요.

往研究室打一遍电话吧！

- **학습목표**　전화번호 말하기
- **학습어휘**　전화 관련 어휘 1
- **학습문법**　-지요 , -는군요, -을까요?

(明明给镇浩打电话，打听给她上课的金教授的电话号码。)

장밍밍 : 여보세요. 박진호 씨 휴대전화이지요?

박진호 : 아, 밍밍 씨군요. 그동안 어떻게 지냈어요?

장밍밍 : 잘 지냈어요. 지금 전화 통화 가능하세요?

박진호 : 네, 괜찮아요. 그런데 무슨 일이에요?

장밍밍 : 김 선생님 전화번호를 알고 싶어서요.

박진호 : 그래요? 잠깐만요.
김 선생님 휴대폰 번호는 010-2341-1234이고
연구실 번호는 2648-7321이에요.

장밍밍 : 고마워요. 지금 연구실에 계실까요?

박진호 : 수업이 끝났으니까 연구실에 계실 거예요. 한번 전화해 보세요.

生词

여보세요 喂	휴대전화 手机	그동안 那段时间	통화 通话	가능하다 能, 可能
전화번호 电话号码	알다 知道			

课文注释

💿 **CD를 들으면서 따라하십시오.** 听CD跟读。

장밍밍 : 여보세요. 박진호 씨 휴대전화이지요?
喂，是朴镇浩的手机吗？

박진호 : 아, 밍밍 씨군요. 그동안 어떻게 지냈어요?
对啊，是明明啊。这段时间过得怎么样？

장밍밍 : 잘 지냈어요. 지금 전화 통화 가능하세요?
还好。现在能通话吗？

박진호 : 네, 괜찮아요. 그런데 무슨 일이에요?
嗯，可以。什么事儿？。

장밍밍 : 김 선생님 전화번호를 알고 싶어서요.
我想知道金老师的电话号码。

박진호 : 그래요? 잠깐만요. 김 선생님 휴대폰 번호는
010-2341-1234이고 연구실 번호는 2648-7321이에요.
是吗？稍等一下。金老师的手机号码是01023411234，研究室的电话号码是
26487321。

장밍밍 : 고마워요. 지금 연구실에 계실까요?
谢谢。现在在研究室吗？

박진호 : 수업이 끝났으니까 연구실에 계실 거예요. 한번 전화해 보세요.
老师下课，应该在。往研究室打一下吧。

‘휴대전화’也可以读成‘휴
대폰’、‘핸드폰’。

전화 번호 읽기

韩国电话号码可分成‘국
(局)’和‘번(番)’，在中间加入
‘-’，‘-’一般读成[에]。

제 전화번호는 3502-1234입
니다.
我的电话号码是 35021234。

发音 💿

•지냈어요[지내써요]
收音后接元音时，收音就连音读成下一个音节的头音。

•3427이에요[삼사이치리에요]
收音后接元音时，收音就连音读成下一个音节的头音。

语言点

1. ______动 / 形______ 지요?

接在动词或形容词词干后面，用于向别人确认自己已知的事情。'–지요?' 可以缩写成 '–죠?'，可是回答时不可以使用。

내일도 학교에 오시지요? 明天也来学校吧?

제가 드린 약은 매일 드시지요? 我给您的药明天吃吧?

어제 손님이 많아서 바빴지요?

빨간 옷을 입은 분이 담임선생님이시지요? 穿红色衣服的那位是班主任吧?

> **补充**
>
> ______动 / 形______ 지요? // ______动 / 形______ 어여/아요/여요?
>
> 내일 학교에 가지요? 明天去学校吧?（预料到明天会去学校，而提出质疑。）
> 내일 학교에 가요? 明天去学校吗?（不知道明天是否会去学校，而提出质疑。）

2. ______动______ 는군요
______形______ 군요

接在动词或形容词词干后面，表示感叹的语气。认识到一个新的事物而受到感动时使用，不用于第1人称主语句。

방이 참 크군요. 房间真大啊。

스미스 씨는 매운 음식도 잘 드시는군요. 史密斯辣的也很能吃啊。

벌써 다들 모였군요. 大家都聚一起了啊。

안경을 쓰신 분이 바로 희선 씨 아버님이시군요. 戴眼镜的那位就是喜善的爸爸啊。

补充

___ 动 / 形 ___ 는군요 // ___ 动 / 形 ___ 네요

'-는군요'和'-네요'(☞5课)在对新认识到的事物表示感叹上是一致的。从别人那里得知时，用'-는군요'；通过自己亲身经历而得知时，用'-네요'。且'-네요'比'-는군요'更温柔更女性化。

가: 희선 씨가 어제 결혼했대요. 听说喜善昨天结婚了。

나: 그랬군요.(○) 是吗。/ 그랬네요(×)

가: 여보세요, 박진호 씨 휴대전화이지요? 喂，是朴镇浩的手机吗？

가: 아, 밍밍 씨군요.(○) 啊，是明明啊 / 아, 밍밍 씨네요(×)

3. ___ 动 / 形 ___ 을까요?/ㄹ까요?

用于第3人称主语句，提问预想的内容。以收音收尾的动词或形容词后接"-을까요?"，以元音收尾的动词或形容词后用"-ㄹ까요?"。主要以'-을/ㄹ 거예요'或者'-을/ㄹ 것 같아요'的形式回答问题。(☞9课 -을까요/ㄹ까요?)

내일 날씨가 어떨까요? 明天天气怎么样？

책상 안에 무엇이 들어 있을까요? 桌子里有什么呢？

지금쯤 수업이 끝났을까요? 现在下课了吗？

누가 제일 일찍 올까요? 穿红色衣服的那位是班主任吧？

补充生词

국제전화 国际电话	시외전화 长途电话	시내전화 市内电话	구내전화 区内电话
공중전화 公共电话			

음성메시지를 남기다 语音留言	문자메시지를 보내다 发送短信
음성메시지를 확인하다 确认语音留言	문자메시지를 받다 接收短信

전화를 걸다 打电话	전화를 받다 接电话	전화를 끊다 挂电话

지역번호

서울 首尔 02 경기도 京畿道 031 인천 仁川 032 강원도 江原道 033 대전 大田 042 부산 釜山 051 대구 053 大邱
광주 光州 062 제주 济州 064

1.

| 动 | 는군요 |
| 形 | 군요 |

〈보기〉와 같이 대화를 완성하십시오. 依照例句完成对话。

> 〈보기〉 가 : 박진호 씨 휴대전화이지요?
>
> 나 : 네, 밍밍 씨군요.

(1) 가 : 어제 새로 산 옷인데 어때요?

나 : ________________________________

(2) 가 : 우리 가족 사진이에요.

나 : ________________________________

(3) 가 : 저는 날마다 밤 12시까지 공부해요.

나 : ________________________________

(4) 가 : 이 친구가 도와줘서 일을 빨리 끝냈어요.

나 : ________________________________

2. ___动 / 形___ 을까요?/ㄹ까요?

<보기>와 같이 대화를 완성하십시오. 依照例句完成对话。

> <보기> 가 : 지금 연구실에 <u>계실까요</u>?
>
> 나 : 수업이 없으니까 계실 거예요.

(1) 가 : ______________________________________

나 : 내일은 날씨가 따뜻할 거예요.

(2) 가 : ______________________________________

나 : 네, 조금 클 것 같아요.

(3) 가 : ______________________________________

나 : 도서관에 있을 거예요.

(4) 가 : ______________________________________

나 : 네, 아주 좋아할 것 같아요.

새로 新   복습 复习   빨리 块   끝내다 结束   따뜻하다 暖和

 듣기

다시 再   다이얼 拨号   국 局   번 番   잘못 错误

듣고 알맞은 상황을 다음에서 찾아 쓰십시오. 听录音, 从下面选出相应的情景。

- 수업시간이어서 전화를 받을 수 없습니다.
- 친구의 전화번호를 잘못 알았습니다.
- 114에 전화했어요.
- 전화번호를 빨리 누르세요.

〈보기〉 친구의 전화번호를 잘못 알았습니다.

(1) ____

(2) ____

(3) ____

 읽기

지하철에서 볼 수 있는 전화번호입니다. 읽고 질문에 대답하십시오.
下面是有关地铁站的电话号码, 看图回答问题。

고 객 센 터	1544-7788	철도지역내 범죄신고 1588-7722
유 실 물 안 내	안산역031-491-7780,90 충무로역02-2271-1170~1	코레일홈페이지 www.korail.com
		사고관련긴급전화 02-2027-7323
		전철이용안내전화 02-2027-7192

(1) 충무로역에서 가방을 잃어버렸습니다. 몇 번에 전화합니까?

(2) 지하철에서 사고가 났습니다. 몇 번에 전화합니까?

(3) 지하철의 첫차 시간을 알고 싶습니다. 몇 번에 전화합니까?

고객센터 客户中心　유실물 遗失物品　철도 铁道　지역 地区　내 内　범죄 犯罪　신고 投诉　코레일 韩国铁道局
홈페이지 网站　관련 相关　긴급 전화 紧急电话　전철 地铁　사고가 나다 发生事故　첫차 首车

 말하기

1. **반 친구들과 전화번호를 묻고 대답하십시오.** 与同学互相询问电话号码。

> 〈보기〉　가 : 집 전화번호가 몇 번이에요?
>
> 　　　　　나 : 2123-4321이에요.

2. **〈보기〉와 같이 친구와 전화로 약속을 하십시오.** 依照例句, 打电话和朋友约定时间。

> 〈보기〉
>
> 왕　　룽 : 여보세요, 희선 씨 핸드폰이지요?
>
> 김희선 : 네, 왕룽 씨군요.
>
> 왕　　룽 : 희선 씨, 토요일 오후에 시간이 있어요?
>
> 김희선 : 네, 시간이 있어요. 왜요?
>
> 왕　　룽 : 시청 앞에서 음악회를 하는데 같이 가시겠어요?
>
> 김희선 : 좋아요. 그런데 어떤 공연이에요?
>
> 왕　　룽 : 한국 전통음악도 들을 수 있고 유명한 가수도 볼 수 있어요.
>
> 김희선 : 재미있겠어요. 어디에서 만날까요?
>
> 왕　　룽 : 음악회가 5시에 시작하니까 4시 반에 시청역 1번 출구에서 만나요.
>
> 김희선 : 네, 그럼 그때 만나요.

写 쓰기

5. 인터넷 까페에 가입하려고 합니다. 아래 빈 칸에 알맞은 말을 써 넣으십시오.
   想要加入网上论谈，在下面的空格里填入相应的信息。

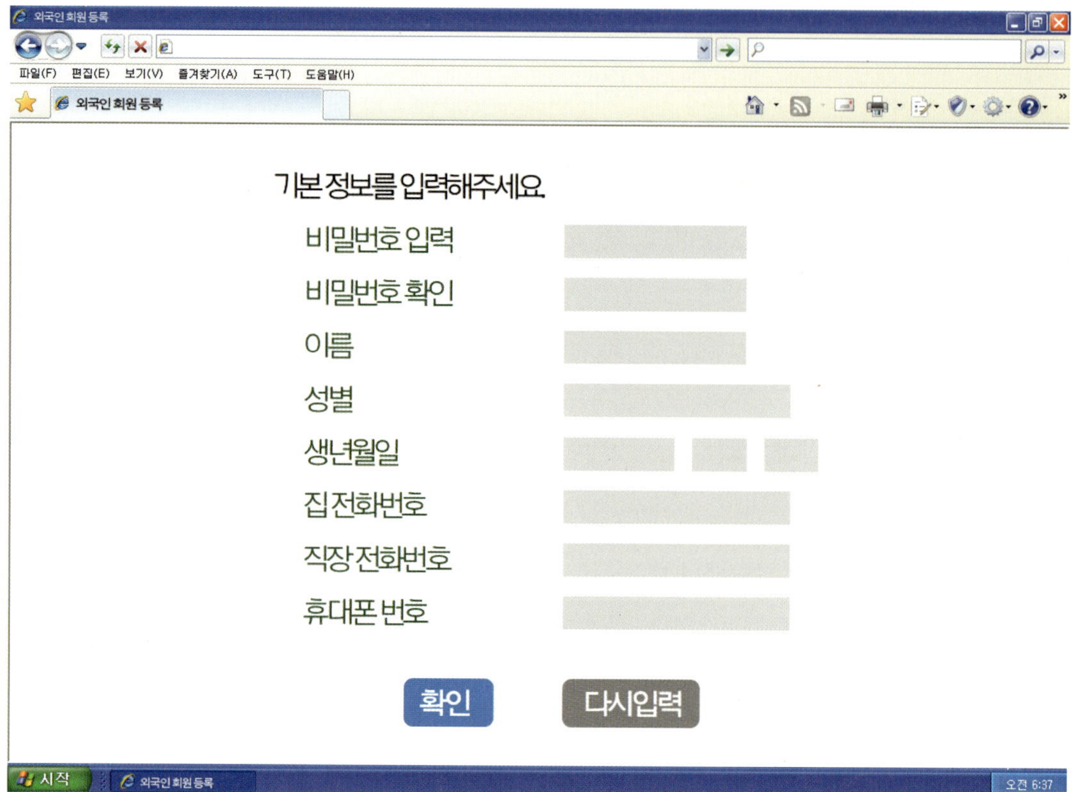

기본 基本　비밀번호 密码　입력하다 输入　직장 工作单位

数字 '0'
숫자 ' 0 '

数字 '0' 可读成 '영', '공', '빵'

　一般把数字 '0' 叫作 '영(零)', 记号 '0' 叫作 '공(空)'。所以像气温表示数字概念时, 像0℃(영도)一样叫作 '영', 像电话号码、房间号码、车牌号表示记号概念时, 像(010 공일공)一样叫作 '공'。

0.007 (영 점 영영칠)

010-1234-5678 (공일공의 일이삼사의 오육칠팔)

'빵' 是 '0' 的通俗用语。一般用在一分也没有得的 '빵점'。

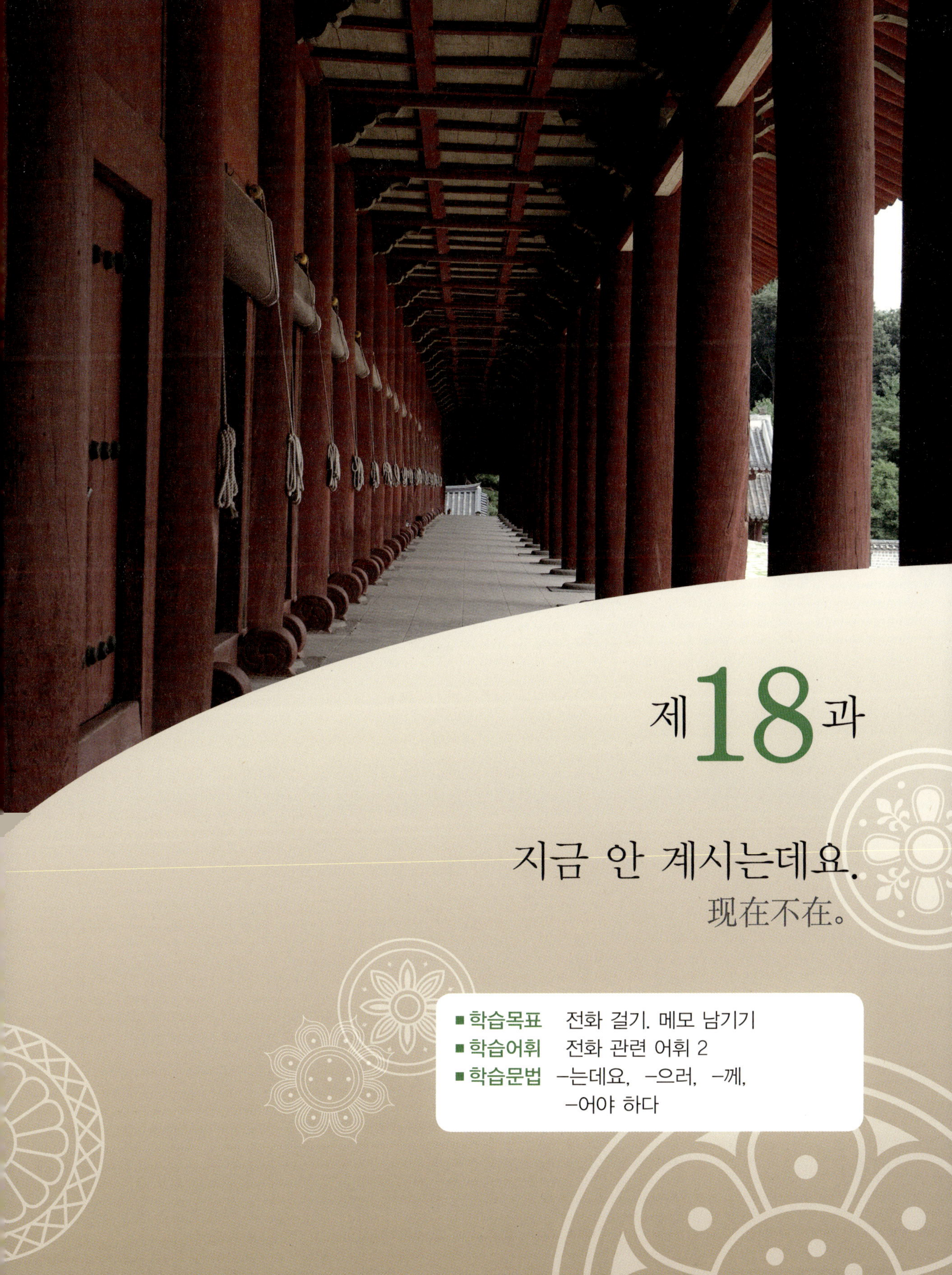

제 **18** 과

지금 안 계시는데요.

現在不在。

- **학습목표** 전화 걸기. 메모 남기기
- **학습어휘** 전화 관련 어휘 2
- **학습문법** –는데요, –으러, –께,
  –어야 하다

한국어과 조교

(明明拿着镇浩告诉她的电话号码给金教授打电话，不巧教授不在，她只好跟助教通话了。)

장밍밍 : 여보세요. 김 선생님 계세요?

조 교 : 지금 안 계시는데요. 실례지만 누구십니까?

장밍밍 : 저는 장밍밍이라고 합니다. 언제쯤 돌아오세요?

조 교 : 회의를 하러 가셨는데 아마 오후에 돌아오실 거예요.

장밍밍 : 그럼 김 선생님께 말씀 좀 전해 주시겠어요?

조 교 : 네, 말씀하세요.

장밍밍 : 내일 중국에서 부모님이 오셔서 제가 공항으로 모시러 가야 해요. 그래서 수업에 갈 수 없어요.

조 교 : 알겠습니다. 김 선생님께 전해 드릴게요.

生词

| 조교 助教 | 돌아오다 回来 | 회의 会议 | 아마 可能 | 전하다 转达 |
| 모시다 陪 | | | | |

课文注释

💿 **CD를 들으면서 따라하십시오.** 听CD跟读。

장밍밍 : 여보세요. 김 선생님 계세요?
喂，金老师在吗？

조 교 : 지금 안 계시는데요. 실례지만 누구십니까?
现在不在。不好意思，请问您是哪位？

장밍밍 : 저는 장밍밍이라고 합니다. 언제쯤 돌아오세요?
我叫张明明。金老师什么时候回来？

조 교 : 회의를 하러 가셨는데 아마 오후에 돌아오실 거예요.
他去开会了，可能下午回来。

장밍밍 : 그럼 김 선생님께 말씀 좀 전해 주시겠어요.
那麻烦您给金老师传个口信好吗？

조 교 : 네, 말씀하세요.
好的，你说吧。

장밍밍 : 내일 중국에서 부모님이 오셔서 제가 공항으로 모시러 가야 해요.
그래서 수업에 갈 수 없어요.
明天我的父母从中国来，我得去机场接他们。所以不能去上课了。

조 교 : 알겠습니다. 김 선생님께 전해 드릴게요.
知道了。我会转达给金老师的。

- 계세요[계세요/게세요]
'예'、'례' 以外的 'ㅖ'，读成 [ㅖ] 或者 [ㅔ]。

- 회의[회의/회이]
'의' 作为第一个音节的情况除外，要读成 [의] 或者 [이]。

语言点

1.

____ 动 ____ 는데요

____ 形 ____ 은/ㄴ데요

接在动词、形容词词干或者名词后面，表示一边陈述事件经过，一边期待对方反应之义。这种情况下，谈话持续不断。动词词干后接"–는데요"；以收音收尾的形容词词干后接"–은데요"，以元音收尾的形容词词干后接"–ㄴ데요"。

저는 서울에 사는데요. 我住在首尔。

요즘은 좀 한가한데요. 最近悠闲一点儿。

바로 전데요. 누구세요? 我就是。您是哪位?

햄버거는 5분 쯤 기다려야 하는데요. 괜찮으세요? 汉堡包得等5分钟, 可以吗?

> **补充**
>
> '____ 动 ____ 는데요', '____ 动 ____ 은/ㄴ데요' 用于委婉地拒绝对方。
>
> 가: 식당에 가는데 같이 가요. 我去食堂, 一起去吧。
> 나: 밥을 먹었는데요. 已经吃了饭了。(→ '不想一起吃饭' 的意思)
>
> 가: 밖에 나가서 산책할까요? 去外面散步吧。好吗?
> 나: 날씨가 추운데요. 天气冷啊。(→ '不想散步的意思)

2.

____ 动 ____ 으러/러

接在动词词干后面，表示移动的动机。以收音收尾的词干后接"–으러"，以元音收尾的词干后接"–러"。 一般后接表示移动的动词 '가다'、'오다' 等。

공부하러 도서관에 가요. 去图书馆学习。

주말에 영화를 보러 갈까요? 周末去看电影, 好吗?

친구들하고 산책하러 공원에 가요. 和朋友一起去公园散步。

한국말을 배우러 한국에 왔어요. 来韩国学韩国语。/ 为了学韩国语来韩国的。

3. ___名___ 께

接在名词后面，表示该名词为受事者。一般情况下常用'에게'或者'한테'，对长辈多用'께'。

저는 할아버지께 자주 연락을 드려요. 我经常跟爷爷联系。

어머니께 지갑을 선물했어요. 送给妈妈钱包了。

김 선생님은 외국 학생에게 한국말을 가르칩니다. 金老师教外国学生韩国语。

친구가 저한테 전화를 걸었어요. 朋友给我打电话了。

补充

___名___ 에게 // ___名___ 한테

'에게'和'한테'的语义相同。'에게'可用于口语和书面语上，而'한테'主要用于口语。

补充

드리다 // 주다

'드리다'是'주다'的敬语。

부모님께 선물을 드립니다. 给父母礼物。
동생에게(한테) 선물을 줍니다. 给弟弟礼物。

4. ___动 / 形___ 어야/아야/여야 하다

接在动词或形容词词干后面, 表示必要的行为或状况。动词或形容词的词干以 "아, 오" 收尾时, 与 "–어야 하다" 结合。如果不以 "아, 오" 收尾时, 与 "–아야 하다" 结合。不过以 "하다" 收尾的动词或形容词后加 "–여야 하다" 成为 "해야 하다"。且可以用 '–어야/아야/여야 되다' 替换。

곧 시험이니까 열심히 공부해야 합니다. 马上要考试了, 得努力学习。

오늘까지 일을 다 끝내야 해요. 今天一定要把工作做完。

모델을 하려면 키가 커야 한다. 想当模特, 一定要个子高。

도서관에 들어갈 때는 학생증이 있어야 합니다. 进入图书馆时, 必须携带学生证。

补充

___动/形___ 어야/아야/여야 하다 // ___动/形___ 어야/아야/여야 되다

'–어야/아야/여야 하다' 和 '–어야/아야/여야 되다', 虽然在语义上没有差别, 但在书面语上还是多用前者, 而口语多用后者。

교통 규칙을 꼭 지켜야 합니다. 一定要遵守交通规则。
교통 규칙을 꼭 지켜야 됩니다. 一定要遵守交通规则。

补充生词

휴대전화를 켜다 开电话	휴대전화를 끄다 关电话	전화를 잘못 걸다 挂错电话	통화중이다 正在通话中
메모를 남기다 留言			

수신메시지 收信箱	발신메시지 发信箱	스팸메시지 垃圾短信

영상통화 视频通话	매너모드 静音	배터리 电池	진동 震动

1. ＿＿动＿＿ 으러/러

<보기>와 같이 대화를 완성하십시오. 依照例句完成对话。

> <보기> 가 : 언제쯤 돌아오세요?
>
> 나 : 회의를 <u>하러</u> 가셨는데 아마 오후에 돌아오실 거예요.

(1) 가 : 왜 한국에 왔어요?

나 : ＿＿＿＿＿＿＿＿＿＿＿＿＿＿＿＿＿＿＿＿

(2) 가 : 오후에 뭐 하실 거예요?

나 : ＿＿＿＿＿＿＿＿＿＿＿＿＿＿＿＿＿＿＿＿

(3) 가 : 어떻게 오셨어요?

나 : ＿＿＿＿＿＿＿＿＿＿＿＿＿＿＿＿＿＿＿＿

(4) 가 : 지금 어디에 가세요?

나 : ＿＿＿＿＿＿＿＿＿＿＿＿＿＿＿＿＿＿＿＿

2. ___动 / 形___ 어야/아야/여야 하다

〈보기〉와 같이 문장을 완성하십시오. 看图，依照例句完成对话。

> 〈보기〉　　내일 중국에서 부모님이 오셔서 제가 공항으로 모시러 <u>가야 해요</u>.

(1) 장학금을 받고 싶으면 _______________________________

(2) 돈이 없어서 _______________________________

(3) 한국말을 잘 하고 싶으면 _______________________________

(4) 주말에 가족하고 바닷가에 가고 싶지만 _______________________________

바닷가 海边

综合练习

 듣기

급하다 急   바꾸다 换   한강 汉江   유람선 游船   야경 夜景

듣고 표를 완성하십시오. 听录音填表。

	누가 메시지를 남겼습니까?	누구에게 메시지를 남겼습니까?	왜 메시지를 남겼습니까?
〈보기〉	밍밍	김 선생님	내일 수업에 못 가서
음성 메시지 1	(1)	(2)	(3)
음성 메시지 2	(4)	(5)	(6)

아래의 그림을 보고 맞는 설명과 연결하십시오. 看图，将相对应的内容连线。

〈보기〉

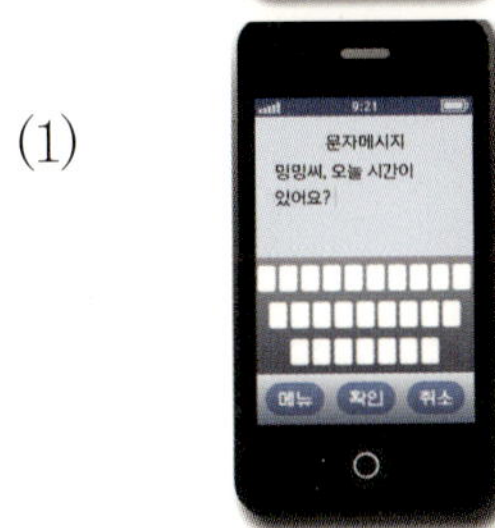

(1)

(2)

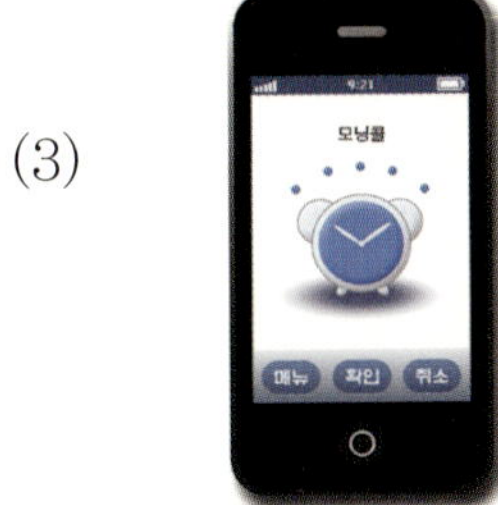

(3)

(4)

• 친구에게 문자메시지를 받았습니다.

• 내일 아침에 일찍 일어나고 싶어요.

• 친구에게 문자메시지를 보냅니다.

• 전화를 건 사람을 알 수 없어요.

• 받지 않은 전화가 있습니다.

메뉴 菜单   취소 取消   부재중 未接   모닝콜 叫早   알람 闹铃   발신자 发电人   제한 限制

 말하기

다음 상황에 맞게 전화를 걸어서 대화하십시오. 依照例句, 看情景完成对话。

〈보기〉

친구에게 전화를 걸었는데 잘못 걸었습니다.

가: 여보세요. 민수 씨 계세요?
나: 몇 번에 거셨어요?
가: 거기 2642-3476 아니에요?
나: 아닙니다. 잘못 거셨어요.
가: 죄송합니다.

(1) 친구 회사에 전화를 걸어서 친구를 찾습니다.

(2) 친구 집에 전화를 걸었는데 친구가 없습니다.

(3) 이 선생님 전화번호를 알고 싶어서 친구에게 전화를 합니다.

 쓰기

다음 문자메시지를 받았습니다. 답장을 보내십시오. 回复下面的短信。

〈보기〉

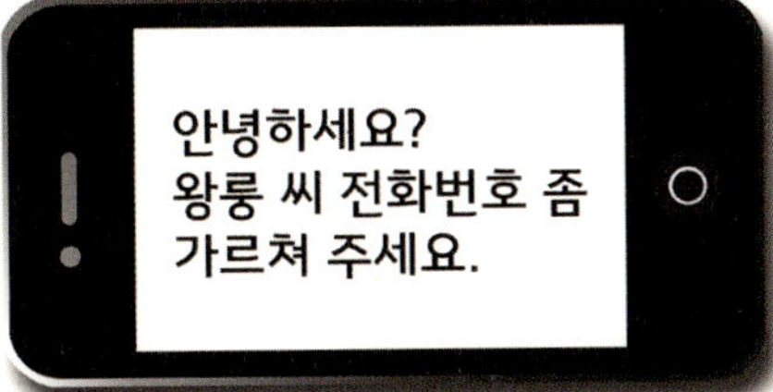

갑자기 突然　　일이 생기다 出事　　지키다 遵守

表情符号
이모티콘

在韩国尤其是年青人发短信的时候经常使用表情符号。其种类多样, 且不断出现新的表情符号。

1. ㅠㅠ : 连续使用两个韩国语中的韵母'ㅠ', 这和流眼泪的样子很相似, 所以可以表示'伤心'。

2. ㅋㅋ / ㅎㅎ / ㅋㅌㅋㅌ : 韩国语里和笑声有关的拟声词有'크크'、'키키'、'하하'、'호호'、'히히'、'키득키득'等很多种。所以经常简单表示成ㅋㅋ, ㅎㅎ, ㅋㅌㅋㅌ。

3. ㅇㅇ : 简单表示'응, 응', 表示'知道了'的意思。'ㅇㅇ'不是敬语, 必须注意使用。

4. ㅊㅋㅊㅋ : 是把'축하축하'的发音'주카주카'简单表示成'ㅊㅋㅊㅋ'。向对方传达祝贺的话时使用。

5. ㄱㅅ : 只写了'감사합니다'的缩写语'감사'的声母。

6. ㅈㅅ : 只写了'죄송합니다'的缩写语'죄송'的声母。

7. ㅅㄱ : 只写了'수고하세요'的缩写语'수고'的声母。

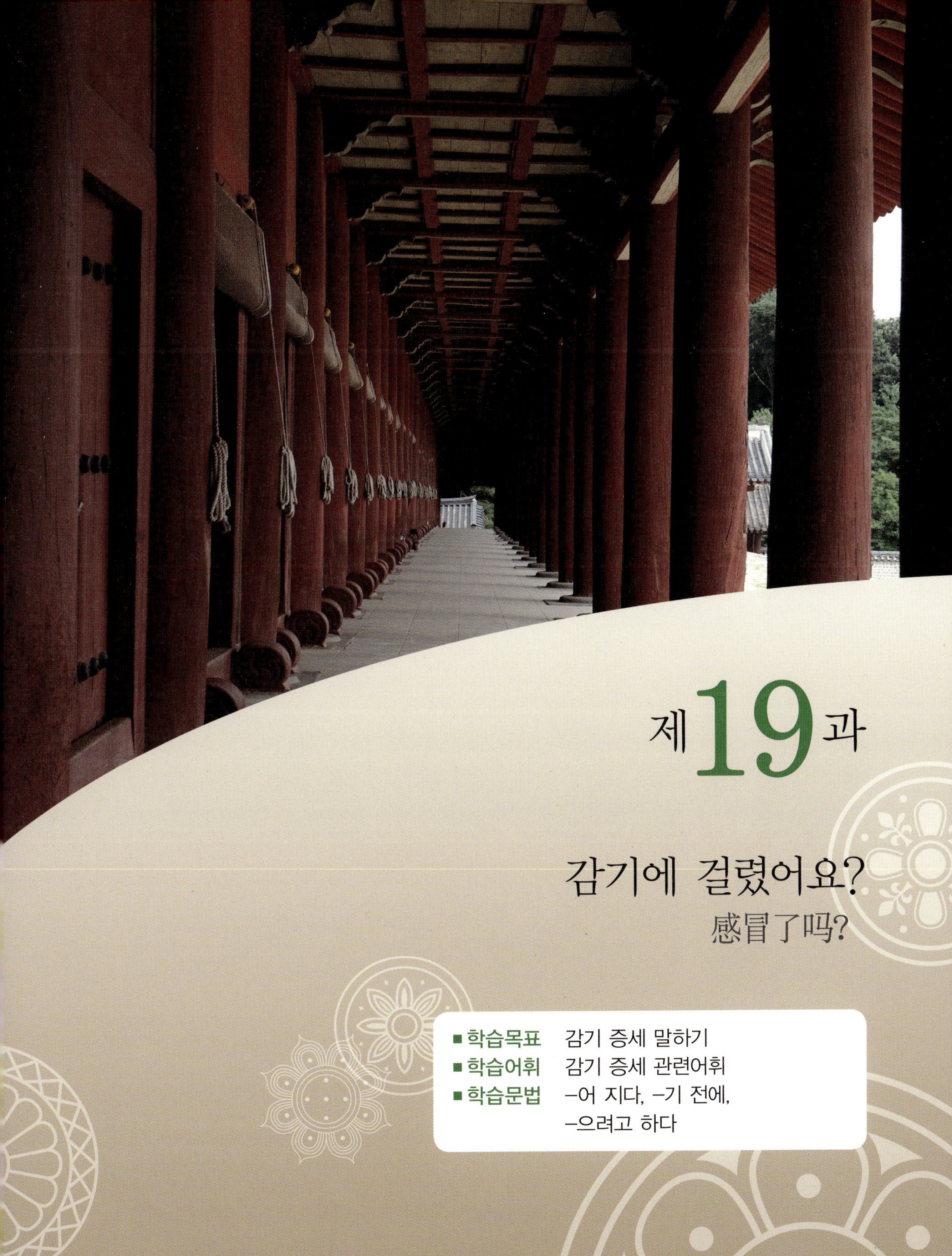

제19과

감기에 걸렸어요?

感冒了吗?

- **학습목표**　감기 증세 말하기
- **학습어휘**　감기 증세 관련어휘
- **학습문법**　–어 지다, –기 전에, –으려고 하다

(明明本来跟镇浩约好了在学校附近的咖啡厅见面，但是因为身体不舒服来晚了。镇浩看明明咳嗽的样子，很是为她担心。)

장밍밍 : 진호 씨, 늦어서 미안해요. 콜록콜록.

박진호 : 아니에요. 괜찮아요. 그런데 감기에 걸렸어요?

장밍밍 : 그런 것 같아요. 어제부터 머리도 아프고 기침도 나요.

박진호 : 병원에 갔어요?

장밍밍 : 어제는 할 일이 많아서 병원에 못 갔어요.

박진호 : 더 심해지기 전에 빨리 병원에 가 보세요.

장밍밍 : 네, 오늘은 꼭 가려고 해요.

박진호 : 감기에 걸렸을 때는 생강차가 좋으니까 자주 드세요.

生词

감기에 걸리다 感冒	머리 头	아프다 疼	기침이 나다 咳嗽	심하다 严重
생강차 生姜茶				

课文注释

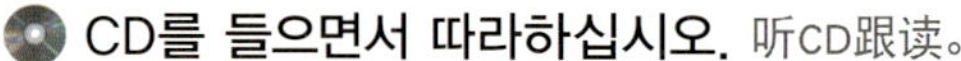

🎧 CD를 들으면서 따라하십시오. 听CD跟读。

장밍밍 : 진호 씨, 늦어서 미안해요. 콜록콜록.
　　　　镇浩，真对不起。咔呜咔呜。

박진호 : 아니에요. 괜찮아요. 그런데 감기에 걸렸어요?
　　　　不是的。没关系。你感冒了吗？

장밍밍 : 그런 것 같아요. 어제부터 머리도 아프고 기침도 나요.
　　　　好像是。从昨天开始又头痛又咳嗽。

박진호 : 병원에 갔어요?
　　　　去医院了吗？

장밍밍 : 어제는 할 일이 많아서 병원에 못 갔어요.
　　　　昨天有点儿忙，没能去医院。

박진호 : 더 심해지기 전에 빨리 병원에 가 보세요.
　　　　趁现在还不严重，快点儿去医院看看吧。

장밍밍 : 네. 오늘은 꼭 가려고 해요.
　　　　好的。今天一定会去的。

박진호 : 감기에 걸렸을 때는 생강차가 좋으니까 자주 드세요.
　　　　感冒的时候，多喝点儿生姜茶挺好的。

发音

• 걸렸어요 [걸려써요]
收音后接元音时，收音发下一个音节的头音。

• 많아서 [마나서]
头音以外的'ㅎ'，发音逐渐减弱，有时几乎不发音。

• 심해지기 [시매지기]
头音以外的'ㅎ'，发音逐渐减弱，有时几乎不发音。

• 좋으니까 [조으니까]
头音以外的'ㅎ'，发音逐渐减弱，有时几乎不发音。

128

语言点

1. ___形___ 어지다/아지다/여지다

接在形容词词干上，表示状态的变化。

친구가 아주 예뻐졌어요. 朋友变漂亮了。

요즘 날씨가 많이 더워졌어요. 最近天气变得很热。

청소를 해서 방이 깨끗해졌어요. 打扫以后，房间变得干净了。

한국어 공부가 점점 재미있어져요. 学习韩国语越来越有意思了。

2. ___动___ 기 전에

接在动词词干上，表示某件事情发生之前的时间。名词时用'전에'。

밥 먹기 전에 손을 씻으세요. 吃饭之前一定要洗手。

보통 잠을 자기 전에 일기를 써요. 通常是睡觉之前写日记。

한국에 오기 전에 중국에서 뭘 했어요? 来韩国之前，在中国都做了些什么?

주말 전에 이 일을 모두 끝내야 해요. 周末之前，一定要结束这件事。

3. ___动___ 으려고/려고 하다

接在动词词干上，表示主语想做某种事情的意志。

고향에 언제 가려고 해요? 打算什么时候回老家?

점심에 비빔밥을 먹으려고 해요. 中午打算吃拌饭。

오늘 동대문시장에서 쇼핑을 하려고 해요. 今天想在东大门市场逛街购物。

장학금을 받았으니까 친구들에게 한턱내려고 해요.
拿了奖学金，所以打算请朋友们吃饭。

补充生词

머리가 아프다 头痛	기침을 하다 咳嗽	열이 나다 发烧	콧물이 나다 流鼻涕
코가 막히다 鼻子堵塞	목이 아프다 咽喉痛		

몸살감기 伤风感冒	기침감기 甲型流感 / 感冒咳嗽	목감기 嗓子发炎 / 感冒嗓子痛	코감기 感冒鼻塞 / 流鼻涕

1. ___形___ 어지다/아지다/여지다

〈보기〉와 같이 대화를 완성하십시오. 依照例句完成对话。

(1) 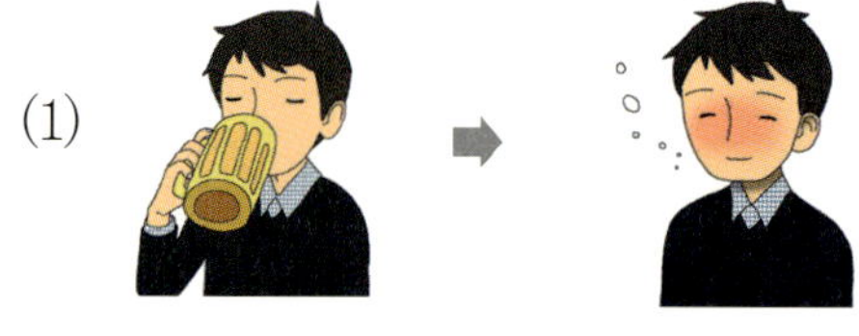

얼굴이 ___________________

(2) 

날씨가 ___________________

(3) 

눈이 ___________________

(4) 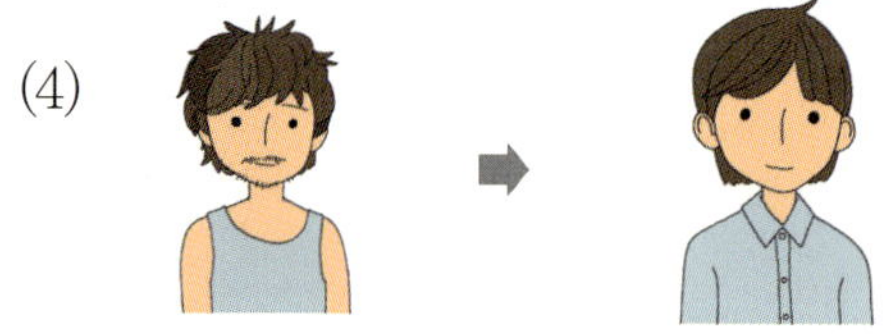

친구가 ___________________

2. ___动___ 으려고/려고 하다

〈보기〉와 같이 대화를 완성하십시오. 依照例句完成对话。

〈보기〉 가 : 빨리 병원에 가 보세요.

나 : 네. 오늘은 꼭 <u>가려고 해요</u>.

(1) 가 : 시간이 있을 때 중국에 가 보세요.

나 : 네. _______________________

(2) 가 : 피곤하면 좀 쉬세요.

나 : 네. _______________________

(3) 가 : 주말에 뭘 할 거예요?

나 : _______________________

(4) 가 : 저녁에 뭘 먹을 거예요?

나 : _______________________

날씬하다 苗条   얼굴 脸   눈 眼睛   피곤하다 疲惫, 疲倦

 듣기

쌀쌀하다 凉, 凉飕飕的   밤 夜晚   약 药   몸 身体   떨리다 发抖

대화를 듣고 질문에 대답하십시오. 听对话, 回答问题。

(1) 왕룽은 왜 감기에 걸린 것 같습니까?

(2) 들은 내용과 같으면 ○, 다르면 ×를 하십시오.

　① 희선은 책을 빌리려고 도서관에 갑니다.　(　　)

　② 왕룽은 어제 밤에 목이 많이 아팠습니다.　(　　)

　③ 왕룽은 어제 병원에 갔습니다.　　　　　(　　)

　④ 두 사람은 병원에서 이야기합니다.　　　(　　)

다음은 감기약 사진입니다. 사진을 보고 질문에 대답하십시오.
下面是感冒药的照片。请看照片回答问题。

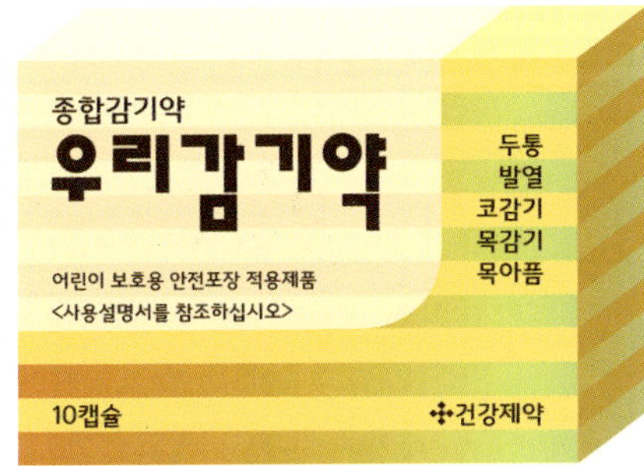

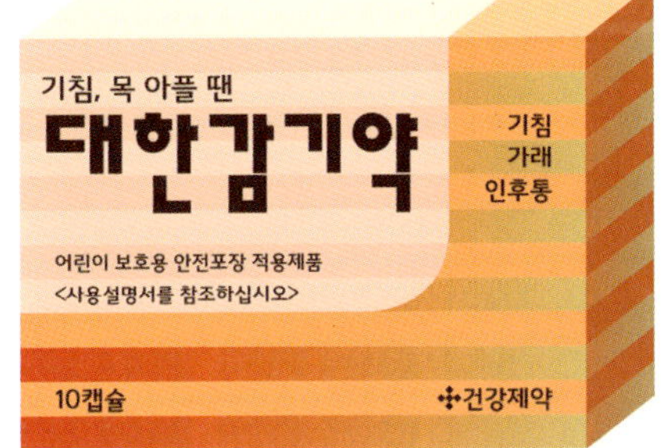

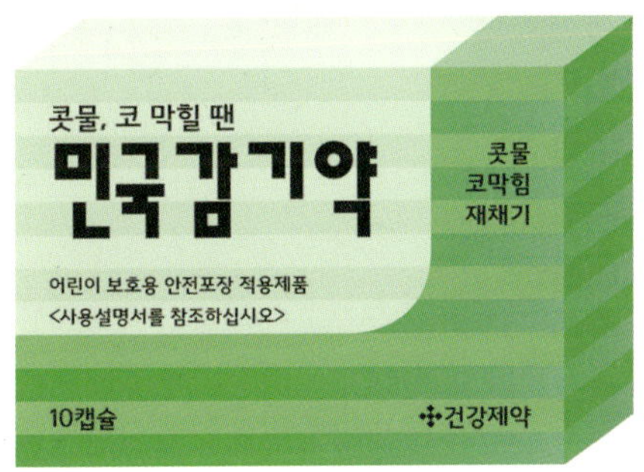

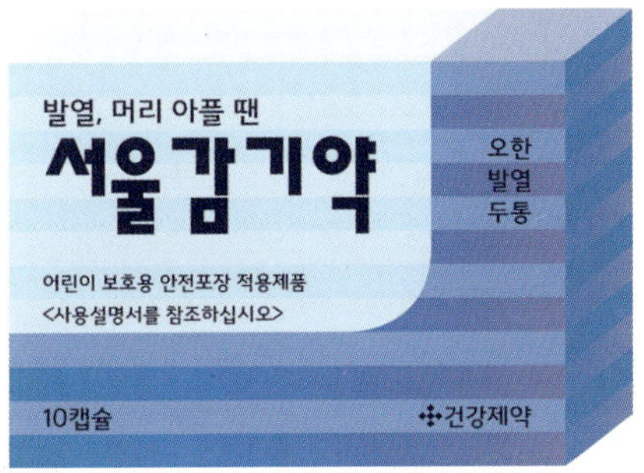

(1) 여러 가지 감기 증상이 있을 때는 어떤 약을 먹으면 좋을까요?

① 우리감기약   ② 대한감기약   ③ 민국감기약   ④ 서울감기약

(2) 그림의 내용과 같으면 ○, 다르면 ×를 하십시오.

① '민국감기약'은 목이 아플 때 먹습니다.　　　　　　　　　(　)

② 위의 네 가지 약은 모두 '건강제약'의 감기약입니다.　　　(　)

③ 열이 날 때는 '서울감기약'을 먹으면 좋습니다.　　　　　(　)

제약 制药　　종합감기약 综合感冒药　　캡슐 胶囊　　두통 头痛　　발열 发烧　　가래 痰　　인후통 咽喉痛
재채기 喷嚏　　오한 恶寒　　정 片　　증상 症状

说 말하기

아래 환자 그림을 보고 〈보기〉와 같이 한 사람은 의사가 되고, 한 사람은 환자가 되어 대화를 만드십시오. 看下面患者的照片, 依照例文一个人当医生一个人当病人完成对话。

> 의사 : 어서 오세요. 어디가 불편하세요?
> 환자 : 몸이 춥고 떨려요.
> 의사 : 열이 납니까?
> 환자 : 열이 조금 나는 것 같아요.
> 의사 : 목은 어떠세요? 아프세요?
> 환자 : 아니요. 목은 아프지 않아요.
> 의사 : 콧물은요?
> 환자 : 콧물도 나지 않아요.
> 의사 : 몸살감기인 것 같습니다.

(1)

(2)

(3)

환자 病人

 **쓰기**

신체검사 카드입니다. 빈 칸을 채우십시오. 下面是体检卡片，请填空。

<table>
<tr><td colspan="6" align="center">신체검사 카드</td></tr>
<tr><td>이름</td><td></td><td></td><td>년   월   일</td></tr>
<tr><td>나이</td><td>만   세</td><td>성별</td><td></td></tr>
<tr><td>체중</td><td>kg</td><td>신장</td><td>cm</td></tr>
<tr><td>시력</td><td>좌 :
우 :</td><td>혈액형</td><td>형</td></tr>
<tr><td colspan="4">증상 :</td></tr>
</table>

신체 身体   검사 检查   카드 卡片   만 满   체중 体重   신장 肾脏   시력 视力   좌 左   우 右   혈액 血液   형 型

韩国的民间疗法(感冒)
한국의 민간요법(감기)

　　治疗感冒没有什么特别的药。所以得感冒的时候, 有"吃药需一周, 不吃药则需七日"一样的话。也就是说, 治疗感冒最好的处方莫过于吸取营养和充分休息。

　　在韩国得感冒, 会煮很多对身体好的茶趁热喝。生姜茶有暖身的功效, 且对头痛、祛痰有良效。木瓜茶对咽喉痛和咳嗽有良效。还有咳嗽厉害的时候, 可以喝梨加蜂蜜沸煮以后的汁。梨有止咳、化痰、降火等功效。葱的根对解热、治鼻炎有良效。

제 20 과

배탈이 난 것 같은데 약 좀 주세요.

好象闹肚子, 给我点儿药。

- **학습목표** 약국에서 증세 말하기
- **학습어휘** 배탈 증세, 약 관련어휘
- **학습문법** -는데/은데/ㄴ데, -거나,
  -은/ㄴ 후에

(镇浩从昨天开始就肚子痛, 于是去他家附近的药店买药。)

박진호 : 배탈이 난 것 같은데 약 좀 주세요.

약 사 : 증세가 어떠세요?

박진호 : 소화도 안 되고 배에서 소리도 나요.

약 사 : 설사를 하거나 토하지 않아요?

박진호 : 네, 그렇지는 않아요.

약 사 : 오늘은 소화제만 드리겠습니다. 증세가 심해지면 병원에 가 보세요.

박진호 : 네, 약은 어떻게 먹어야 돼요?

약 사 : 식사를 한 후에 두 알씩 드세요.

生词

| 배탈이 나다 闹肚子 | 약사 药师 | 증세 症状 | 소화가 되다 消化 | 배 肚子 |
| 소리가 나다 (肚子)叫 | 설사를 하다 拉肚子 | 토하다 吐 | 식사를 하다 吃饭 | 소화제 消化药 | 알 粒 |

课文注释

 **CD를 들으면서 따라하십시오.** 听CD跟读。

박진호 : 배탈이 난 것 같은데 약 좀 주세요.
朴镇浩　好象闹肚子，给我点儿药。

약 사 : 증세가 어떠세요?
药师　　有什么症状?

박진호 : 소화도 안 되고 배에서 소리도 나요.
朴镇浩　即不太消化，肚子又叫。

약 사 : 설사를 하거나 토하지는 않아요?
药师　　有没有拉肚子或吐了?

박진호 : 네, 그렇지는 않아요.
朴镇浩　没有。

약 사 : 오늘은 소화제만 드리겠습니다. 증세가 심해지면 병원에
　　　　 가 보세요.
药师　　今天只给你消化药。如果症状更严重的话，你就去医院看看。

박진호 : 네, 약은 어떻게 먹어야 돼요?
朴镇浩　好，药要怎么吃?

약 사 : 식사를 한 후에 두 알씩 드세요.
药师　　饭后吃两粒。

어떠세요?

"어떠세요?"是加表示尊敬的'시'的表现，实际上与'어때요?'同样的意思。

는

'는'表示强调的意思。

씩

用在数量词语后面，表示数量被分开或反复。

모든 학생들에게 다섯 개씩 주었어요.
给了每个学生五个。

약은 날마다 두 번씩 드십시오. 每天吃两次药。

发音

• 같은데 [가튼데]
收音后接元音时，收音就连音读成下一个音节的头音。

• 않아요 [아나요]
头音以外的ㅎ，或发音逐渐减弱，或几乎不发音。

• 그렇지는 [그러치는]
ㅎ后接ㅈ时，后接的ㅈ读成 [ㅊ]。

• 어떻게 [어떠케]
ㅎ后接ㄱ，ㄷ，ㅂ时，后接的ㄱ，ㄷ，ㅂ读成 [ㅋ，ㅌ，ㅍ]。

1.

________动________는데

________形________은데/ㄴ데

　　接在动词或形容词词干后面，前半分句提示情况，后半分句提出与前面的情况相关的意见或命令。动词后接"-는데"。以收音收尾的形容词后接"-은데"，以元音收尾的形容词后接"-ㄴ데"。(☞14, 15课 -는데)

지금 식당에 가는데 같이 갑시다. 现在去食堂, 一起去吧。

방이 더러운데 청소 좀 하세요. 房间很脏, 打扫一下吧。

날씨도 더운데 무서운 얘기 좀 해 주세요. 天气热, 给我们讲点儿恐怖故事吧。

부탁이 있는데 말해도 될까요? 有件事要拜托你, 可以给你说吗?

2.

________动 / 形________거나

　　接在动词或形容词的词干后面, 表示两个以上中选择其中的一个。

심심할 때는 책을 읽거나 컴퓨터 게임을 합니다.
无聊的时候, 看书或玩电脑游戏。

스트레스가 쌓이면 노래방에 가거나 음악을 들어요.
如果压力大, 就去练歌房或听音乐。

아프거나 힘들면 가족 생각이 많이 나요. 如果生病或累, 就会多想起家人。

값이 싸거나 모양이 특이한 물건이 인기가 있어요.
价格便宜或款式奇特的东西很受欢迎。

3.

________动________은/ㄴ 후에

　　接在动词词干后面, 表示某事发生后的情况。以收音收尾的动词后接'은 후에', 以元音收尾的动词后接'ㄴ 후에'。也可以用'은/ㄴ 다음에'来替换。名词时用'후에'。

밥을 먹은 후에 커피를 마셔요. 吃完饭后喝咖啡。

수업이 끝난 후에 무엇을 할 거예요? 下课后做什么?

숙제를 한 후에 밖에 나가서 놀았어요. 写完作业后出去玩儿了。

1시간 후에 학생식당에서 만납시다. 一个小时以后在学生食堂见面吧。

소화제 消化药	진통제 镇痛药	해열제 退烧药	영양제 营养药	수면제 安眠药
안약 眼药	소독약 消毒药	감기약 感冒药	두통약 头痛药	변비약 便秘药
붕대 绷带 연고 药膏	반창고 药布	일회용 밴드 一次性创口贴	파스 清凉油	변비약 便秘药

1. ___动 / 形___ 거나

〈보기〉와 같이 대화를 완성하십시오. 依照例句完成句子。

> 〈보기〉 가 : 심심하면 무엇을 해요?
>
> 　　　　나 : 텔레비전을 <u>보거나</u> 책을 읽어요.

(1) 가 : 주말에 보통 뭘 하세요?

　　나 : ＿＿＿＿＿＿＿거나 ＿＿＿＿＿＿＿

(2) 가 : 감기에 걸리면 어떻게 해요?

　　나 : ＿＿＿＿＿＿＿거나 ＿＿＿＿＿＿＿

(3) 가 : 아침에 일어나서 무엇을 해요?

　　나 : ＿＿＿＿＿＿＿거나 ＿＿＿＿＿＿＿

(4) 가 : 시험이 끝나면 뭘 하고 싶어요?

　　나 : ＿＿＿＿＿＿＿거나 ＿＿＿＿＿＿＿

2. ＿＿＿动＿＿은/ㄴ 후에

〈보기〉와 같이 문장을 완성하십시오. 依照例句完成句子。

〈보기〉 식사를 한 후에 두 알씩 드세요.

(1) ＿＿＿＿＿＿＿＿＿＿＿＿＿＿＿＿＿＿＿＿

(2) ＿＿＿＿＿＿＿＿＿＿＿＿＿＿＿＿＿＿＿＿

(3) ＿＿＿＿＿＿＿＿＿＿＿＿＿＿＿＿＿＿＿＿

(4) ＿＿＿＿＿＿＿＿＿＿＿＿＿＿＿＿＿＿＿＿

비타민C 维生素c　　목욕하다 洗澡

 듣기

안색 脸色　　바로 就

대화를 듣고 질문에 대답하십시오. 听对话后回答问题。

(1) 리리 씨는 어디가 아픕니까?

(2) 들은 내용과 같으면 ○, 다르면 ×를 하십시오.

　① 리리 씨는 내일 병원에 가겠습니다.　　　　(　)

　② 점심을 먹고 토했습니다.　　　　　　　　(　)

　③ 학교 근처에 약국이 있습니다.　　　　　　(　)

 읽기

다음을 보고 질문에 대답하십시오. 看下面的内容后回答问题。

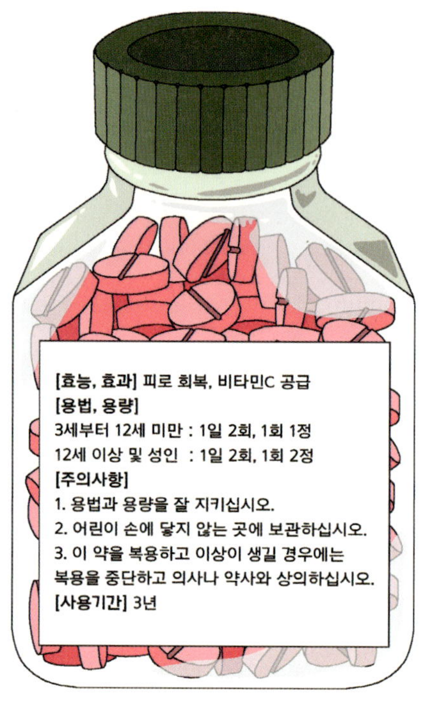

(1) 위의 약은 무슨 약입니까?

   ① 소화제　　② 영양제　　③ 해열제　　④ 진통제

(2) 위의 내용과 같으면 ○, 다르면 ×를 하십시오.

   ① 어린이는 이 약을 먹을 수 없습니다.　　　　(　)

   ② 성인은 이 약을 하루에 4알 먹습니다.　　　　(　)

효능 功能　　효과 效果　　피로 疲劳　　회복 恢复　　공급 供应　　용법 用法　　용량 用量　　미만 未满　　회 次
성인 成人　　닿다 接触　　보관하다 保管　　복용하다 服用　　이상이 생기다 出现异常反应　　중단하다 中断
상의하다 商量

 ## 말하기

〈보기〉와 같이 증세를 말하십시오. 依照例句练习说症状。

〈보기〉

어제부터 배가 아프고 토할 것 같아요.

설사도 여러 번 했어요.

소화제 좀 주세요.

(1) 

(2) 

(3) 

여러 번 多次

 쓰기

건강 문진표입니다. 빈 칸을 채우십시오. 填写下面的门诊表。

<table>
<tr><td colspan="2" align="center">건강 문진표</td></tr>
<tr><td>성명</td><td></td></tr>
<tr><td>핸드폰 번호</td><td></td></tr>
<tr><td>이메일 주소</td><td></td></tr>
<tr><td colspan="2">아래 문항을 읽고 자신의 현재 상태에 맞는 것에 ✔ 하십시오</td></tr>
<tr><td colspan="2">1. 현재 몸에 불편한 증상이 있습니까?
　　① 네 (증상:　　　　　　　　　　)　　② 아니요</td></tr>
<tr><td colspan="2">2. 최근 1년 동안 병원에 가셨습니까?
　　① 네 (이유:　　　　　　　　　　)　　② 아니요</td></tr>
<tr><td colspan="2">3. 담배를 피우십니까?
　　① 네 (3–1 문항으로 가십시오.)　　② 아니요
3–1 하루에 얼마나 피웁니까? (　　　)</td></tr>
<tr><td colspan="2">4. 술을 드십니까?
　　① 네 (4–1 문항으로 가십시오.)　　② 아니요
4–1 일주일에 몇 번 마십니까? (　　　)</td></tr>
<tr><td colspan="2">5. 어떤 음식을 좋아하십니까?
(　　　　　　　　　　　　　　　　　　　)</td></tr>
<tr><td colspan="2">6. 규칙적으로 운동을 하십니까?
　　① 네 (6–1 문항으로 가십시오.)　　② 아니요
6–1 일주일에 며칠 운동을 합니까? (　　　)</td></tr>
</table>

문진표 门诊表　　문항 问项　　동안 期间　　자신 自己　　현재 现在　　상태 状态　　맞다 对、合乎　　불편하다 不舒服
규칙적 有规则的

医院和药店
병원과 약국

　　韩国的医院分为1级医院，2级医院，3级医院。1级医疗机关是家附近的小医院。什么内科，什么眼科等都是1级医疗机关。国家运营的保健所也属于1级医院。2级医疗机关是指病床不到500张的综合医院。3级医疗机关是指具有500张以上病床的综合医院。

　　1级医疗机关与2级医疗疗机关什么时候去看病都可以，但是去3级医疗机关基本地要有1，2级医疗机关所发行的3级医疗机关的诊疗委托书。当然，没有诊疗委托书也可以在3级医院接受初诊，但在诊疗预约等方面会有不利之处。

　　在韩国的药店里不可以随便买药。买药必须要医院开的处方笺。但是买消毒药，药布，头痛药，消化剂等常备药时，不需要处方笺。

복습 复习

1. 단어를 찾아 〈보기〉와 같이 문장을 완성하십시오.(→↓＼방향으로 찾으십시오)
找出词语填空。(按→↓＼方向查找)

복	진	동	선	차	대	전	삼	손	님
이	습	타	육	교	과	사	겨	수	자
모	여	운	시	서	통	빨	리	영	첩
부	고	행	정	번	노	래	겨	와	시
치	가	등	호	숙	재	충	을	서	갑
찌	게	중	학	생	드	전	공	항	기
친	고	송	참	고	카	라	원	성	생
규	향	이	외	삼	춘	치	머	부	타

〈보기〉 한국말을 잘 하고 싶으면 날마다 배운 것을 (복습)하세요.

(1) 극장에서는 휴대폰을 (　　　　)으로/로 해야 합니다.

(2) 이번 주말에는 친구와 같이 부산으로 (　　　　)을/를 갈 거예요.

(3) 시간이 없으니까 (　　　　) 갑시다.

(4) 동생이 올해 초등학교를 졸업하고 (　　　　)이/가 되었어요.

(5) 요즘은 편의점에서 휴대전화 배터리를 (　　　　)할 수 있어요.

(6) 제 (　　　　)은/는 시골이어서 공기도 좋고 경치도 아름다워요.

(7) 저는 아침에 일어나면 (　　　　)에 가서 운동을 합니다.

(8) 사과가 먹고 싶어서 과일(　　　　)에 갔어요.

(9) 저는 여름 과일 중에서 수박하고 (　　　　)을/를 좋아해요.

(10) 학교 앞에 있는 (　　　　)을/를 건너서 쭉 가면 지하철역이 있어요.

(11) 주말에는 (　　　　)이/가 복잡하니까 지하철을 타세요.

(12) 서울에 이모와 (　　　　)이/가 계셔서 자주 이모 댁에 놀러 가요.

(13) 저는 (　　　　)을/를 잘 부르는 사람이 부러워요.

(14) 집에 세탁기가 없어서 손으로 (　　　　)을/를 해요.

(15) 장미꽃 열 (　　　　)을/를 사서 어머니께 드렸습니다.

(16) 학교 앞 한식당은 음식이 맛있고 주인이 친절해서 (　　　　)이/가 언제나 많아요.

(17) 저는 물을 무서워해서 (　　　　)을/를 배우지 못했어요.

(18) 친구의 주소와 전화번호를 (　　　　)에 썼어요.

(19) 부모님이 한국에 오셔서 (　　　　)에 모시러 가야 해요.

2. 〈보기〉와 같이 맞는 것을 고르십시오. 依照例句选择正确答案。

> 〈보기〉 가 : 대한병원이 어디에 있어요?
>
> 　　　 나 : 앞으로 (　　　) 가시면 있어요.
>
> 　　 ✔ 쭉　　　　② 꼭　　　　③ 참　　　　④ 씩

(1) 가 : 시간이 없어요. (　　　) 오세요.

　　 나 : 네, 알겠어요. 지금 가요.

　　 ① 특히　　② 빨리　　③ 이상　　④ 잘못

(2) 가 : 진호 씨가 언제 집에 갔어요?

　　 나 : (　　　) 갔어요.

　　 ① 방금　　② 아마　　③ 잠깐　　④ 다시

(3) 가 : 한국어 공부가 재미있어요?

　　 나 : 네. 하지만 (　　　) 어려워요.

　　 ① 따로　　② 미리　　③ 바로　　④ 너무

(4) 가 : 어서 오세요. 뭘 드릴까요?

　　 나 : 수박 한 (　　)만 주세요.

　　 ① 팩　　② 박스　　③ 통　　④ 단

3. 가로, 세로 단어에 대한 설명을 보고 빈 칸에 알맞은 단어를 쓰십시오.
参考横竖向词语的说明，填空。

***가로(橫)**

〈보기〉 노래를 하는 것이 직업입니다.

② 백설공주가 먹은 과일입니다.

③ 시(市)의 일을 하는 곳입니다.

④ 일본 여권을 가지고 있습니다.

⑤ 여기에서는 수영도 할 수 있고 배도 탈 수 있습니다.

⑥ 휴대폰으로 보내는 편지입니다.

⑦ 회사의 중요한 일은 이것에서 결정합니다.

⑧ 네 방향으로 갈 수 있는 곳입니다.

⑨ 초등학교를 졸업하고 입학하는 학교입니다.

⑩ 런던은 이 나라의 수도입니다.

⑪ 호텔에서 수영을 하고 싶으면 여기에 갑니다.

⑫ 이름, 나이, 국적과 직업을 이야기합니다.

***세로(竪)**

① 부모님과 형제들의 이야기가 있는 신문입니다.

② '한 번 더'와 같은 의미입니다.

③ 과일을 사러 이곳으로 갑니다.

④ 회사에 다니는 사람입니다.

⑤ 보통 파란색이고 아주 편한 옷입니다.

⑥ 중국에서는 중요한 교통수단이고 한국에서는 보통 여행을 할 때나 운동을 할 때 탑니다.

⑦ 학생들은 모두 이것을 봐야 하는데 보통 한 학기에 두 번 있습니다.

⑧ 외국어를 공부할 때 필요한 것입니다.

⑨ 여기에서 자장면을 먹을 수 있습니다.

⑩ 대학교 교실입니다.

⑪ 다른 나라에 가서 공부합니다.

⑫ 대학교 선생님입니다.

⑬ 약속을 할 때 시간과 이것을 정해야 합니다.

4. 〈보기〉와 같이 맞는 것을 고르십시오. 依照例句选择正确答案。

〈보기〉 가 : 어서 오세요. 무엇을 드릴까요?

나 : 사과 10개 주세요. 많이 (　　　) 깎아 주세요.

① 사서　　　✔ 사니까　　　③ 사러　　　④ 사기 전에

(1) 가 : 여기서 어떻게 가야 해요?

나 : 조금 머니까 택시를 ________________________.

① 타서 가세요　　　② 타러 해요　　　③ 타면 가세요　　　④ 타고 가세요

(2) 가 : 지금 뭐하세요?

　　나 : 숙제를 ＿＿＿＿＿＿＿＿＿＿.

　　① 할 수 있어요　　② 하고 있어요　　③ 하는 군요　　④ 하지 못해요

5. 〈보기〉와 같이 틀린 것을 고르십시오. 依照例句选择错误答案。

> 〈보기〉 ① 주말에 운동을 하거나 친구를 만나요.
>
> 　　　 ② 여기서 충전할 수 있어요?
>
> 　　　 ③ 비행기를 타고 부산에 가려고 해요.
>
> 　　✔ 추워서 옷을 많이 입으세요.

(1) ① 파 한 단에 2500원입니다.

　　② 친구한테 전화를 걸었어요.

　　③ 한국에서 중국까지 얼마나 걸려요?

　　④ 가방에 지갑와 책이 있어요.

(2) ① 방이 더러운데 청소를 했어요.

　　② 이거 한번 드셔 부세요.

　　③ 집이 가까워서 좋겠어요.

　　④ 날씨가 아주 덥군요.

6. 다음 문법을 사용해서 〈보기〉와 같이 편지를 쓰십시오. 用下面的语法，依照例句写封信。

-을/ㄹ 수 있다	-는데/은데/ㄴ데	-고 있다	과/와	-을/ㄹ 것 같다
-지 못하다	-을/ㄹ 때	-어/아/여서	-으면/면	-겠-
-지요	-어/아/여 주다	-을/ㄹ 거예요	이나/나	께

김 교수님께

김 선생님, 안녕하세요?

장밍밍입니다.

저는 한국에서 잘 지내고 있어요. 몸도 아주 건강해요.

한국 생활에 많이 익숙해져서 학교 생활도 즐거워요.

아직은 한국말을 잘 하지 못합니다.

그렇지만 1년 쯤 공부하면 한국어를 잘 할 수 있을 것 같아요.

교수님께서 소개해 주신 한국 친구 희선 씨와 자주 만나고 있어요.

저는 희선 씨에게 중국어를 가르쳐 주고 희선 씨는 저에게 한국어를 가르쳐

주고 있어요. 1주일에 한 번 공부하는데 아주 재미있어요.

요즘도 바쁘시지요?

방학 때 시간이 있으면 한국에 꼭 놀러 오세요.

자주 연락드리겠습니다.

그럼 안녕히 계세요.

서울에서 장밍밍 올림

7. 어제 밍밍 씨에게 무슨 일이 있었습니까? 그림을 보고 쓰십시오.
昨天明明有了什么事? 看图造句。

〈보기〉	(1)	(2)	(3)
밍밍 씨는 어제 진호 씨와 약속이 있어서 지하철을 타러 지하철역에 갔습니다.			

동생 弟弟, 妹妹	시골 乡村	공기 空气	경치 风景	국수 面条
아름답다 美丽	댁 "家"的敬语	부르다 唱	부럽다 羡慕	복잡하다 复杂
세탁기 洗衣机	손 手	장미꽃 玫瑰花	주인 主人	언제나 总是
물 水	무서워하다 害怕	백설공주 白雪公主	여권 护照	가지다 带
결정하다 决定	방향 方向	입학하다 入学	런던 伦敦	수도 首都
번 次	수단 工具, 方法	학기 学期	외국어 外语	필요하다 需要
정하다 定	건강하다 健康	익숙해지다 熟悉	생활 生活	그렇지만 但是

부록 附录
▶듣기 지문(听力文本)
▶답안(答案)

제11과

고객 여러분 안녕하십니까? 顾客们, 你们好。

저희 희망백화점을 찾아 주셔서 감사합니다. 欢迎您光临我们的希望百货商店。

저희 백화점에서는 7월 20일부터 8월 5일까지 고객 감사 세일을 합니다.
我们百货商店从7月20日到8月5日搞回馈顾客大优惠活动。

2층 여성복 코너에서는 여성복을 10%부터 최고 40%까지, 3층 남성복 코너에서는 10%부터 최고 30%까지 세일을 합니다.
2楼女装区的女装打6折到9折, 3楼男装区打7折到9折。

1층 잡화 코너에서는 화장품, 액세서리, 가방, 구두를 세일을 합니다.
1楼杂货区是化妆品、饰品、包、皮鞋打折出售。

화장품은 10%부터 15%까지, 액세서리와 가방은 5%부터 10%까지, 구두는 20%부터 최고 50%까지 세일을 합니다.
化妆品打8.5折到9折, 饰品和包打9.5折到9折, 皮鞋从8折最高打到5折。

저희 백화점은 오늘 8시 30분까지 영업합니다. 今天我们百货商店营业到8点30分。

즐거운 쇼핑 되십시오. 감사합니다. 祝您购物愉快。谢谢。

제12과

1. 지금 과일코너에서는 바나나와 참외를 싸게 팝니다. 한 송이에 2,000원인 바나나를 세 송이 사시면 5,000원에, 다섯 송이 사시면 7,000원에 드립니다. 4개에 5,000원인 참외는 여덟 개를 사시면 8,000원에 드립니다. 지금 빨리 과일코너에 가셔서 싸게 바나나와 참외를 구입하시기 바랍니다. 내일은 딸기를 세일하겠습니다.
现在水果区的香蕉和香瓜降价出售。2000元一朵的香蕉, 3朵卖5000元, 5朵卖7000元。4个5000元的香瓜, 8个卖8000元。请您快速去水果区廉价购买香蕉和香瓜。明天是草莓打折出售。

2. 채소코너에서 알려 드립니다. 지금 여러 가지 채소를 30% 싸게 팝니다. 배추는 한 통에 1,000원, 무는 한 개에 700원에 드립니다. 깻잎은 200그램 한 봉지에 500원이고, 상추는 400그램 한 봉지에 1,000원입니다. 그리고 양파는 50% 세일합니다. 어서 빨리 오십시오.
蔬菜区为您广播。现在很多蔬菜都打7折销售。白菜一棵1000元, 萝卜一个700元。苏子叶200克一包500元。生菜400克一包1000元。还有洋葱打5折。请快来啊。

제13과

1.

(띵동) 이번 정류장은 신촌역입니다. 다음 정류장은 희망백화점입니다. 내리실 분은 미리 벨을 눌러 주시기 바랍니다.

(叮咚) 本次到站是新村站。下一站是希望百货商店。下车的乘客请按铃。

2.

(환승역 음악) 이번 역은 교대, 교대역입니다. 내리실 문은 왼쪽입니다. 잠실이나 사당 방면으로 가실 분은 이번 역에서 갈아타시기 바랍니다. 이 역은 전동차와 승강장 사이가 넓습니다. 내리실 때 조심하시기 바랍니다.

(换乘站音乐) 本次到站是教大、教大站。下车的门是左侧。要去往蚕室或者舍堂方面的乘客请在本站换车。本站电车与站台间距较宽。下车时请小心。

제14과

장밍밍 : 진호 씨, 이 근처에 피자가게가 있어요? 镇浩, 这附近有比萨店吗?

박진호 : 네, 근처에 '맛나 피자가게'가 있어요. 有啊, 有 '好吃的比萨店'。

장밍밍 : 걸어서 갈 수 있어요? 可以走着去吗?

박진호 : 조금 멀지만 걸어서 갈 수 있어요. 虽然有点儿远, 但是可以走着去。

장밍밍 : 어떻게 가요? 怎么走呢?

박진호 : 앞에 있는 횡단보도를 건너서 왼쪽으로 쭉 가면 옷가게가 있어요. 옷가게에서 우회전해서 똑바로 50m 가면 건너편에 극장이 있어요. 그 극장 오른쪽에 피자가게가 있어요.
　　　　 穿过前面的人行横道后, 一直往左走有一加服装店。在服装店右拐后一直走50米, 马路对面就有电影院了。那个电影院右侧就有比萨店。

장밍밍 : 고마워요. 진호 씨. 谢谢。镇浩。

제15과

정승기 : 처음 뵙겠습니다. 정승기입니다. 初次见面。我是郑承基。

마리꼬 : 안녕하세요? 마리꼬입니다. 您好。我是理子。

정승기 : 만나서 반갑습니다. 여기 제 명함입니다. 见到你很高兴。这是我的名片。

마리꼬 : 감사합니다. (잠시 후에) 은행에서 일을 하시네요. 谢谢。(过了一会儿) 在银行工作啊。

정승기 : 네, 희망은행 명동 지점에서 일하고 있어요. 명동에 오시면 연락하세요.
　　　　 是的, 在希望银行明洞支行工作。如果来明洞请联系我。

마리꼬 : 네, 은행 일은 어떠세요? 바쁘시지요? 好的, 银行的工作怎么样? 忙吧?

정승기 : 네. 특히 월말에는 아주 바빠요. 마리꼬 씨는 무슨 일을 하세요?
　　　　 是啊。月末特别忙。你做什么工作?

마리꼬 : 작년까지는 광고 회사에 다녔어요. 지금은 대학원에 다니고 있어요.
　　　　 到去年在一家广告公司上班过。如今在大学院上学。

정승기 : 그래요? 전공은 뭐예요? 是吗? 专业是什么?

마리꼬 : 신문방송학을 공부하고 있어요. 在学习广播电视专业。

제16과

선생님 : 오늘은 자기 소개를 하겠습니다. 각자 이름, 고향, 가족을 소개해 보세요. 왕룽 씨부터 시
　　　　 작할까요?
　　　　 今天我们要做自我介绍。请介绍一下各自的姓名、老家、家人。从王龙开始, 好吗?

왕　룽 : 안녕하세요? 저는 중국에서 온 왕룽이에요. 제 고향은 시안인데 유명한 관광지예요. 제 가
　　　　 족은 모두 네 명이에요. 외할머니, 아버지, 어머니가 계세요. 이번 주말이 외할머니 생신이
　　　　 어서 선물로 인삼차를 보냈어요.
　　　　 你好。我是从中国来的王龙。我的老家是西安, 是很有名观光区。我们家有四口人。有外婆、爸爸、妈
　　　　 妈。这周末是外婆的生日, 我买人参茶做礼物送去了。

스미스 : 제 소개를 시작하겠습니다. 저는 미국에서 온 스미스입니다. 한국에 작년에 왔고 지금 한
　　　　 국 증권 회사에서 일하고 있어요. 저희 가족은 모두 다섯 명입니다. 부모님과 여동생 두
　　　　 명, 그리고 저입니다. 부모님은 다음 달에 한국에 오실 거예요. 부모님이 한국에 오시면 맛
　　　　 있는 한국 음식을 같이 먹겠습니다.
　　　　 我开始做一下介绍。我是从美国来的史密斯。是去年来的韩国, 现在在一家证券公司工作。我们家有
　　　　 五口人。父母、两个妹妹和我。父母下个月会来韩国。如果父母来, 就一起去吃好吃的韩国食品。

쉬리리 : 안녕하세요? 저는 쉬리리라고 해요. 저는 중국 상하이에서 왔어요. 저는 한국 드라마를 아
주 좋아해서 한국에 왔어요. 제 가족은 모두 다섯 명이에요. 할아버지, 할머니, 아버지, 어
머니, 그리고 저입니다. 할아버지와 할머니는 상하이에 계시지만 아버지 회사가 일본에 있
어서 아버지와 어머니는 지금 일본에 계세요.
你好。我叫徐丽丽。我是从中国上海来的。我是因为非常喜欢韩国电视剧来韩国的。我家有五口人。
爷爷、奶奶、爸爸、妈妈和我。爷爷和奶奶住在上海，可是因为爸爸的单位在日本，所以爸爸妈妈现住
在日本。

제17과

〈보기〉

지금 거신 번호는 없는 번호이오니 다시 확인하시고 걸어주시기 바랍니다.
您拨打的电话号码是空号，请确认后再拨。

1.

지금은 수업 중입니다. 메시지를 남겨주시면 연락드리겠습니다.
现在是上课时间。请留言。我会跟您联系的。

2.

가 : 고객님. 무엇을 도와 드릴까요? 顾客，需要我帮忙吗?
나 : 한국대학교 전화전호 좀 알려주세요. 能告诉我韩国大学的电话号码吗?
가 : 한국대학교 말씀이십니까? 您是说韩国大学吗?
나 : 네 是。
가 : 네, 문의하신 번호는 02에 2123국에 1234번입니다. 02에 이천백이십삼국에 천이백삼십사번
입니다. 您询问的电话号码是0221231234，02二千百二十三千二百三十四。

3.

다이얼이 늦었습니다. 다시 걸어주시기 바랍니다.
拨号太慢。请重拨。

제18과

〈보기〉

김 선생님, 안녕하세요? 밍밍이에요. 내일은 급한 일이 있어서 수업에 갈 수 없어요. 월요일에 뵙겠습니다.

金老师，您好。我是明明。明天有急事，所以不能去上课了。我们星期一再见吧。

음성 메시지 1

리리 씨, 저 이민수입니다. 내일 약속 시간을 6시로 바꾸고 싶은데 괜찮으세요? 메시지 확인하시면 연락해 주세요.

丽丽，我是李珉树。能否把明天的约定时间改到6点呢? 听到短信请联系。

음성 메시지 2

희선 씨, 안녕하세요? 왕룽이에요. 이번 주 토요일 저녁에 친구들하고 한강에 유람선을 타러 갈 거예요. 유람선에서 저녁도 먹고 서울 야경도 구경할 거예요. 희선 씨하고 같이 가고 싶어서 전화했어요. 다른 약속이 없으면 같이 가요.

喜善，您好。我是王龙。这周星期六晚上和朋友一起去汉江坐游船。在游船上吃晚饭，还观赏首尔夜景。我想和你一起去，所以打了电话。如果没有别的约会，就一起去吧。

제19과

왕 룽 : 희선 씨, 어디 가세요? 喜善, 你要去哪里?

김희선 : 시험이 있어서 공부하러 도서관에 가요. 그런데 어디 아프세요?
　　　　 因为有考试, 我要去图书馆学习。你哪里不舒服吗?

왕 룽 : 네, 열이 나고 몸이 떨려요. 是啊。又发烧又发抖。

김희선 : 언제부터 아팠어요? 从什么时候开始的?

왕 룽 : 어제 오전부터요. 날씨가 쌀쌀해서 감기에 걸린 것 같아요.
　　　　 从昨天上午开始。应该是天气凉, 所以得了感冒。

김희선 : 기침도 하세요? 咳嗽吗?

왕 룽 : 네, 목도 많이 아파요. 어제 밤에는 기침이 많이 나서 잠을 못 잤어요.
　　　　 嗯, 嗓子很疼。昨晚咳嗽咳得厉害没睡着觉。

김희선 : 약은 드셨어요? 吃药了吗?

왕　룽 : 어제부터 먹었는데 좋아지지 않네요. 그래서 오늘은 병원에 가려고 해요.

　　　从昨天开始一直吃, 没见好。所以今天打算去医院。

김희선 : 생강차를 마시면 몸이 따뜻해지니까 많이 드세요.

　　　喝生姜茶, 身体会暖和一点儿。多喝点儿吧。

왕　룽 : 그렇군요. 고마워요. 희선 씨.

　　　王蓉 : 是吗。谢谢你, 喜善。

제20과

이민수 : 리리 씨, 안색이 왜 그래요?

　　　丽丽, 你的脸色为什么那样?

쉬리리 : 배가 좀 아파요.

　　　肚子有点儿痛。

이민수 : 그래요? 병원에는 갔어요?

　　　是吗? 去医院了吗?

쉬리리 : 아니요. 오늘 수업이 끝난 후에 가 보려고 해요.

　　　没有, 我想今天下课后去看病。

이민수 : 어떻게 아파요?

　　　怎么个痛法?

쉬리리 : 배도 아프고 토할 것 같아요. 점심을 먹은 후부터 아팠어요.

　　　肚子又痛, 好象要吐。吃完午饭后开始痛的。

이민수 : 그럼 우선 같이 가까운 약국에 가 봅시다. 학교 바로 앞에 약국이 있어요.

　　　那我们一起去附近的药店吧! 学校前面就有药店。

쉬리리 : 고마워요.

　　　谢谢!

제11과

语言点练习

1.
(1) 수업이 끝난 것 같아요.
(2) 밍밍 씨가 아픈 것 같아요.
(3) 방에서 공부하는 것 같아요.
(4) 리리 씨가 미국에서 공부한 것 같아요.

2.
(1) 한국 드라마를 좋아해서 한국어를 공부해요.
(2) 방학이어서 학교에 사람이 없어요.
(3) 배가 안 고파서 안 먹어요.
(4) 수업이 없어서 학교에 안 가요.

综合练习

(1) 백화점
(2) ①, ③, ④, ⑦, ⑧, ⑩
(3) ④

(1) 옷
(2) ① ○   ② ×   ③ ×

제12과

语言点练习

1.
(1) 아르바이트비를 받으면 한턱낼게요.
(2) 친구를 만나면 노래방에 가요.
(3) 네, 내일 비가 안 오면 등산합시다.
(4) 수업이 끝나면 백화점에 갑시다.

2.
(1) 추우니까
(2) 맛있으니까
(3) 음식이 다양하니까
(4) 날씨가 좋으니까

综合练习

1.
(1) 바나나, 참외
(2) ① ×   ② ○

2. (1) 채소

(2) ① ○   ② ○   ③ ×

1.
(1) ③
(2) 딸기(소), 바나나, 아이스크림
(3) ① ×   ② ×   ③ ○

2. ① ○   ② ○   ③ ×   ④ ×

제13과

语言点练习

1.
(1) 여기에서 교통카드를 살 수 있어요?
(2) 여기에서 사진을 찍을 수 있어요?
(3) 한국 신문을 읽을 수 있어요?
(4) 자전거를 탈 수 있어요?

2.
(1) 이 옷을 입어보세요.
(2) 이 음식을 드셔보세요.
(3) 중국에 가 보세요.
(4) 이 화장품을 써 보세요.

综合练习

1.
(1) ① ○   ② ×   ③ ×
(2) ① ○   ② ×   ③ ×

1.
(1) 삼각지역
(2) ① ○   ② ×   ③ ○

2.
(1) ③
(2) ②

제14과

语言点练习

1.
(1) 돈이 없는데
(2) 백화점에 가는데
(3) 밍밍 씨 생일인데
(4) 하고 싶은 이야기가 있는데

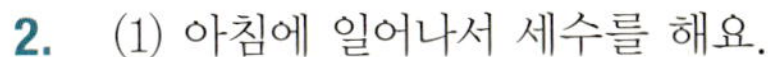

2. (1) 아침에 일어나서 세수를 해요.
(2) 학교에 가서 한국어를 배워요.
(3) 친구를 만나서 영화를 봤어요.
(4) 고기를 사서 요리했어요.

综合练习

(1) ①
(2) ④
(3) ① ×　　② ×　　③ ○

(1) 종각역
(2) ① ×　　② ×　　③ ○

제15과

1. (1) 바빠서 자주 만나지 못해요.
(2) 이가 아파서 먹지 못해요.
(3) 어려워서 읽지 못해요.
(4) 무서워서 타지 못해요.

2. (1) 빵을 먹고 있어요.
(2) 자고 있어요.
(3) 노래를 듣고 있어요.
(4) 책을 읽고 있어요.

综合练习

(1) ③
(2) ○　　② ×　　③ ×

(1) 교수
(2) 백화점
(3) 서울시 서초구 방배동

제16과

语言点练习

1. (1) 여행을 가서 좋겠어요.
(2) 어머니가 아프셔서 걱정이 많겠어요.
(3) 장학금을 받아서 기쁘시겠어요.
(4) 회사에 일이 많아서 피곤하겠어요.

2. (1) 시간이 있을 때 음악을 들어요.
(2) 친구들과 이야기할 때 기분이 좋아요.
(3) 방학 때 아르바이트를 할 거예요.
(4) 학교에 갔을 때 밍밍 씨가 있었어요.

综合练习

왕룽 · 　　· 중국 사람입니다.
　　　　· 가족이 네 명입니다.
　　　　· 한국 드라마를 좋아합니다.
　　　　· 가족이 다섯 명입니다.
스미스 · 　　· 부모님께서 일본에 계십니다.
　　　　· 여동생이 있습니다.
　　　　· 이번 주말이 외할머니 생신입니다.
쉬리리 · 　　· 회사원입니다.
　　　　· 고향이 관광지입니다.
　　　　· 부모님께서 한국에 오십니다.

(1) 네 명
(2) 은행원, 주부
(3) ① ×　　② ○　　③ ×　　④ ○

제17과

语言点练习

1. (1) 참 예쁘군요.
(2) 남동생이 잘 생겼군요.
(3) 열심히 공부하는군요.
(4) 좋은 친구군요.

2. (1) 내일 날씨가 어떨까요?
(2) 이 옷이 클까요?

(3) 진호 씨가 어디에 있을까요?
(4) 밍밍 씨가 이 꽃을 좋아할까요?

综合练习

(1) 수업시간이어서 전화를 받을 수 없습니다.
(2) 114에 전화했어요.
(3) 전화번호를 빨리 누르세요.

(1) 02-2271-1170~1
(2) 02-2027-7323
(3) 02-2027-7192

제18과
语言点练习

1. (1) 한국어를 배우러 왔어요.
(2) 구두를 사러 갈 거예요.
(3) 책을 빌리러 왔어요.
(4) 운동을 하러 가요.

2. (1) 열심히 공부해야 해요.
(2) 아르바이트를 해야 해요.
(3) 한국 친구를 사귀어야 해요.
(4) 회사에서 일해야 해요.

综合练习

(1) 이민수
(2) 리리
(3) 약속을 바꾸고 싶어서
(4) 왕룽
(5) 희선
(6) 놀이 공원에 같이 가고 싶어서

(1) 친구에게 문자메시지를 보냅니다.
(2) 친구에게 문자메시지를 받았습니다.
(3) 내일 아침에 일찍 일어나고 싶어요.
(4) 전화를 건 사람을 알 수 없어요.

제19과
语言点练习

1. (1) 빨개졌어요.
(2) 추워졌어요.
(3) 나빠졌어요.
(4) 멋있어졌어요.

2. (1) 방학 때 한번 가 보려고 해요.
(2) 오늘은 집에 일찍 가서 쉬려고 해요.
(3) 친구와 자전거를 타려고 해요.
(4) 불고기를 먹으려고 해요.

综合练习

(1) 날씨가 쌀쌀해서 감기에 걸린 것 같습니다.
(2) ① ×   ② ○   ③ ×   ④ ×
(3) ④

(1) ①
(2) ① ×   ② ○   ③ ○

제20과
语言点练习

1. (1) 영화를 보거나 쇼핑을 해요.
(2) 비타민C를 먹거나 생강차를 마셔요.
(3) 운동을 하거나 신문을 읽어요.
(4) 친구들과 놀이공원에 가거나 파티를 해요.

2. (1) 수업이 끝난 후에 아르바이트를 해요.
(2) 운동을 한 후에 목욕을 해요.
(3) 영화를 본 후에 쇼핑을 해요.
(4) 공부를 한 후에 텔레비전을 봐요.

综合练习

(1) 배가 아파요.
(2) ① ×   ② ×   ③ ○

(1) ②

(2) ① ×　　② ○

복습문제

1.
(1) 진동으로
(2) 여행을
(3) 빨리
(4) 중학생이
(5) 충전
(6) 고향은
(7) 공원
(8) 가게
(9) 참외를
(10) 육교를
(11) 교통이
(12) 이모부가
(13) 노래를
(14) 빨래를
(15) 송이를
(16) 손님이
(17) 수영을
(18) 수첩
(19) 공항

2.
(1) ②
(2) ①
(3) ④
(4) ③

3.

①가	수		②다		②사	③과		④회	
족			③시	⑤청		④일	본	사	람
신				⑤바	닷	가		원	
⑥문	⑥자	메	⑦시	지		게			⑩강
	전		험		⑪유			⑦회	의
⑧사	거	리		⑨중	학	⑫교			실
진			⑩영	국		⑪수	영	⑬장	
				집		님		⑫소	개

4.
(1) ④
(2) ②

5.
(1) ④
(2) ①

7.
(1) 밍밍 씨는 지하철에서 책을 읽었습니다.
(2) 밍밍 씨는 잠실역에 내렸습니다. 하지만 출구를 못 찾아서 지나가는 사람에게 물었습니다.
(3) 밍밍 씨는 놀이공원 앞에서 진호 씨를 만났습니다. 두 사람은 반갑게 인사를 했습니다.

凡例

● 写课文

在稿纸上写课文。写的时候不要光写，而要边读边写。虽然汉语没有隔写法，但韩国语有。有时有的单词由于隔写意思会不同，在稿纸上练习写的时候，也要把隔写充分地练习好。

● 词汇练习

确认课本里所讲的每课课文的词汇，词汇扩充的问题。由选择适当的词汇填在句子里，看图找合适的词汇，看图写合适的词汇等多样类型的问题构成，不会感到厌烦。

● 语法练习

确认课本里所讲的每课课文语法问题。由选择合适的语法、写合适的语法、用语法造句、看图完成对话、按情况完成对话等与词汇问题一样类似的多样类型问题构成。

● 写词语的意思

看每课词语的汉语翻译，用韩国语练习写一遍词语。这时不要光写，边读边写会更好。

● 翻译句子

用韩国语翻译汉语句子。通过练习能确切地巩固学习目标、词汇和语法。收集的都是主要的句子，一定要练习。

● 补充生词

不仅在课本里，练习册里也有补充生词。补充生词按照在每课出现的次数在每课后面一次性编写而成，请注意。

저기에 있는 빨간색 코트 좀 보여 주세요.

▶ **다음을 보고 쓰십시오.** 练习写句子。

저기에 있는 빨간색 코트

좀 보여 주세요.

네, 잠깐만 기다리세요.

여기 있습니다.

조금 작을 것 같아요.

좀 더 큰 건 없어요?

손님이 입으실 거예요?

사이즈가 어떻게 되세요?

육육이에요.

이 코트는 디자인이 예뻐

서 　인 기 가 　많 아 요 .

그 래 요 ?

얼 마 예 요 ?

신 상 품 이 어 서 　좀 　비 싸 요 .

십 　이 만 　원 이 에 요 .

1 **알맞은 단어를 쓰십시오.** 选词填空。

디자인　　　　인기　　　　얼마　　　　신상품　　　　잠깐

> **보기**　신상품이어서 좀 비싸요.

(1) 요즘 이 음악이 ________이/가 많아요.

(2) 귀여운 ________은/는 없어요?

(3) ________ 기다려 주십시오.

(4) 저기에 있는 파란색 코트가 ________이에요?/예요?

2 **그림을 보고 쓰십시오.** 看图写颜色。

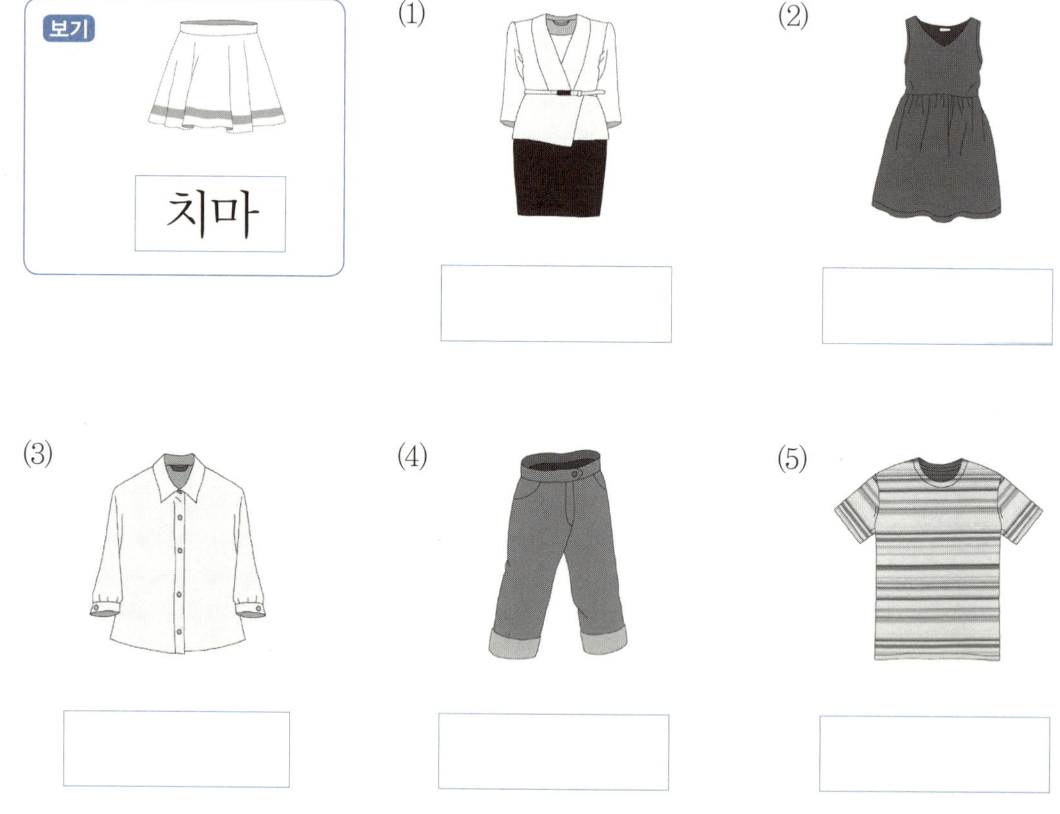

보기　치마

(1)

(2)

(3)

(4)

(5)

(6) 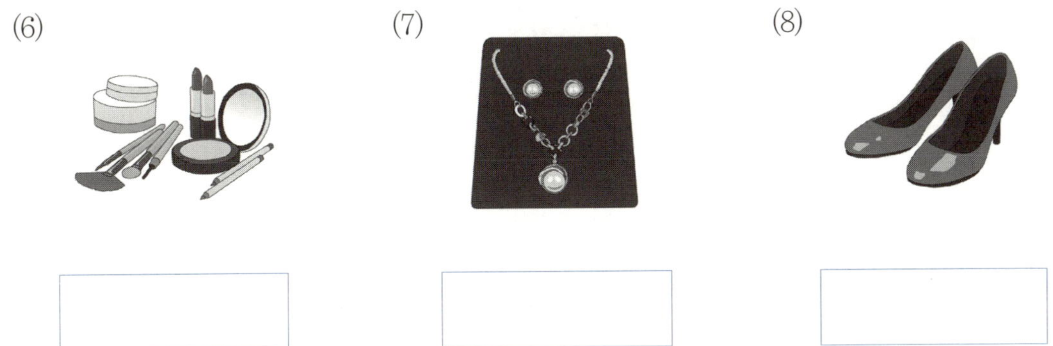

(7)

(8)

3 '–어/아/여 주세요'를 사용해서 문장을 만드십시오. 用 '-어/아/여 주세요' 完成句子。

> **보기** 선생님, 칠판에 다시 <u>써 주세요</u>. (쓰다)

(1) 저를 좀 ＿＿＿＿＿＿＿ (돕다)

(2) 만드는 방법을 ＿＿＿＿＿＿＿ (가르치다)

(3) 좀 크게 ＿＿＿＿＿＿＿ (말하다)

(4) 이 문법을 ＿＿＿＿＿＿＿ (설명하다)

4 그림을 보고 '–어/아/여 주세요'나 '–어/아/여 드리겠습니다'를 사용하여 쓰십시오.
看图用 '-어/아/여 주세요'、'-어/아/여 드리겠습니다' 写句子。

(1) 

(2) 

(3) 

(4) 

5 **'-는 것 같다'를 사용해서 바꿔 쓰십시오.** 用 '-는 것 같다' 改写句子。

> 보기 지금 비가 옵니다. → <u>지금 비가 오는 것 같습니다.</u>

(1) 희선 씨가 지금 저녁을 먹습니다. →

(2) 진호 씨가 요즘 열심히 공부합니다. →

(3) 민수 씨와 밍밍 씨는 자주 만납니다. →

(4) 마리꼬 씨가 자주 카페에서 숙제를 합니다. →

6 **'-은/ㄴ 것 같다'를 사용해서 바꿔 쓰십시오.** 用 '-은/ㄴ 것 같다' 改写句子。

> 보기 어제 비가 왔습니다. → <u>어제 비가 온 것 같습니다.</u>

(1) 밍밍 씨가 고향에서 돌아왔습니다. →

(2) 민수 씨 동생이 작년에 대학교에 입학했습니다. →

(3) 마리꼬 씨가 벌써 밥을 먹었습니다.→

(4) 마이클 씨가 어제 술을 많이 마셨습니다. →

7 **'-을/ㄹ 것 같다'를 사용해서 바꿔 쓰십시오.** 用 '-을/ㄹ 것 같다' 改写句子。

> 보기 내일 비가 올 거예요. → <u>내일 비가 올 것 같습니다.</u>

(1) 방학에 밍밍 씨가 여행을 갈 거예요. →

(2) 마리꼬 씨가 장미꽃을 좋아할 거예요. →

(3) 마이클 씨는 방학에 제주도로 여행을 갈 거예요. →

(4) 학생 식당은 주말에는 영업하지 않을 거예요. →

(5) 따뜻해서 맛있을 거예요. →

(6) 이 시계는 수입품이어서 비쌀 거예요. →

(7) 진호 씨는 재미있어서 인기가 많을 거예요. →

(8) 희선 씨는 아침을 안 먹어서 배가 많이 고플 거예요. →

8 **'–은/ㄴ 것 같다'를 사용해서 바꿔 쓰십시오.** 用 '-은/ㄴ 것 같다' 改写句子。

> 보기 밍밍 씨가 좀 피곤합니다. → 밍밍 씨가 좀 피곤한 것 같아요.

(1) 진호 씨는 배가 많이 고픕니다. →

(2) 밍밍 씨가 요즘 바쁘지 않습니다. →

(3) 요즘 한국 음식이 인기가 있습니다. →

(4) 지금 마이클 씨 지갑에 돈이 없습니다. →

9 **'인 것 같다'를 사용해서 바꿔 쓰십시오.** 用 '인 것 같다' 改写句子。

> 보기 학생입니다. → 학생인 것 같습니다.

(1) 미희 씨는 의사입니다. →

(2) 내일부터 휴가입니다. →

(3) 밍밍 씨 화장품입니다. →

(4) 이것은 한국 음식입니다. →

10 그림을 보고 '-는/은/ㄴ/을/ㄹ/인 것 같다'를 사용해서 문장을 만드십시오.

用 '-는/은/ㄴ/을/ㄹ/인 것 같다' 完成句子。

보기 결혼을 한 것 같아요.

(1)

____

(2)

____

(3)

____

(4)

____

11 '-어서/아서/여서'를 사용해서 두 문장을 한 문장으로 만드십시오.

将两个句子改写成一个句子。

보기 옷이 마음에 듭니다. 샀습니다. → 옷이 마음에 들어서 샀습니다.

(1) 장학금을 받았어요. 친구들에게 한턱냈어요. →

(2) 진호 씨는 성격이 좋습니다. 친구가 많습니다. →

(3) 밖이 시끄럽습니다. 창문을 닫습니다. →

(4) 점심에 밥을 많이 먹었어요. 지금 배가 고프지 않아요. →

12 '–어서/아서/여서'를 사용해서 대화를 만드십시오. 用 '-어서/아서/여서' 完成对话。

> 보기　가 : 왜 늦게 왔어요?
> 　　　　나 : 길이 막혀서 늦게 왔어요.

(1) 가 : 오늘 왜 일찍 출근했어요?

　　 나 : _______________________________

(2) 가 : 어제 산 옷을 왜 안 입었어요?

　　 나 : _______________________________

(3) 가 : 그저께 왜 학교에 안 왔어요?

　　 나 : _______________________________

(4) 가 : 진호 씨가 왜 인기가 많아요?

　　 나 : _______________________________

13 다음 단어의 의미를 쓰십시오. 写出下面词语的意思。

	중국어	한국어
보기	(肚子) 饿	(배가) 고프다
1	教室	
2	电视剧	
3	"吃"的敬语	
4	吵	
5	一次	
6	更	
7	设计	
8	万	
9	看见	

10	贵	
11	红	
12	尺码	
13	颜色	
14	客人	
15	最新商品	
16	多少	
17	漂亮	
18	元	
19	受欢迎	
20	穿	
21	暂时	
22	我们	
23	一点儿	
24	大衣	
25	价格	
26	冬天	
27	顾客	
28	挑	
29	交换	
30	那时	
31	男装	
32	关	
33	可以	
34	又	
35	门	

36	件	
37	春天	
38	打折	
39	穿	
40	各位	
41	夏天	
42	女装	
43	营业	
44	杂货	
45	我们	
46	除外	
47	找	
48	最高	
49	尺码	
50	区	
51	百分比	
52	打折	
53	退还	
54	褐色	
55	黑色	
56	皮鞋	
57	黑色	
58	黄色	
59	裤子	
60	紫色	
61	粉红色	

62	衫衣，衬衫	
63	饰品	
64	西服	
65	连衣裙	
66	正装	
67	橘红色	
68	牛仔裤	
69	绿色	
70	裙子	
71	T恤衫	
72	蓝色	
73	白色	
74	化妆品	
75	白色	

14 다음 문장을 번역하십시오. 翻译下面句子。

> 보기 请稍等。 → 잠깐만 기다리세요.

(1) 好像有点儿小。 →

(2) 因为是最新商品，所以有点儿贵。 →

(3) 有没有大一点儿的? →

(4) 给我看看那边的红色大衣。 →

补充生词

다시 再	방법 方法	크게 大	말하다 说	문법 语法	설명하다 说明	카페 咖啡馆	돌아오다 回来
입학하다 入学	벌써 已经	장미꽃 玫瑰花	따뜻하다 温暖	수입품 进口	휴가 休假	결혼 结婚	
마음에 들다 满意	장학금 奖学金	한턱내다 请客	길 路	막히다 堵塞	출근하다 上班		

제 12 과

많이 사면 깎아 드릴게요.

▶ **다음을 보고 쓰십시오.** 练习写句子。

어서 오세요.

뭘 드릴까요?

사과하고 배 얼마예요?

사과는 세 개에 이천 오

백 원이고 배는 두 개에

너무 비싸요.

좀 깎아 주세요.

많이 사면 깎아 드릴게요

.

얼마나 사실 거예요?

사과 여섯 개하고 배 네 개 주세요.

많이 사니까 깎아 주세요.

네, 좋습니다.

만 원만 내세요.

감사합니다.

좋은 것으로 골라 주세요.

1 **알맞은 단어를 쓰십시오.** 选词填空。

배	얼마나	깎다	너무	많이

> 보기 **많이** 사면 사과를 한 개 더 드릴게요.

(1) 사과는 싸지만 _________은/는 비쌉니다.

(2) 청소를 안 해서 방이 _________ 더러워요.

(3) 집에서 학교까지 _________ 멀어요?

(4) 너무 비싸요. 좀 _________어/아/여 주세요.

2 **그림을 보고 쓰십시오.** 看图写颜色。

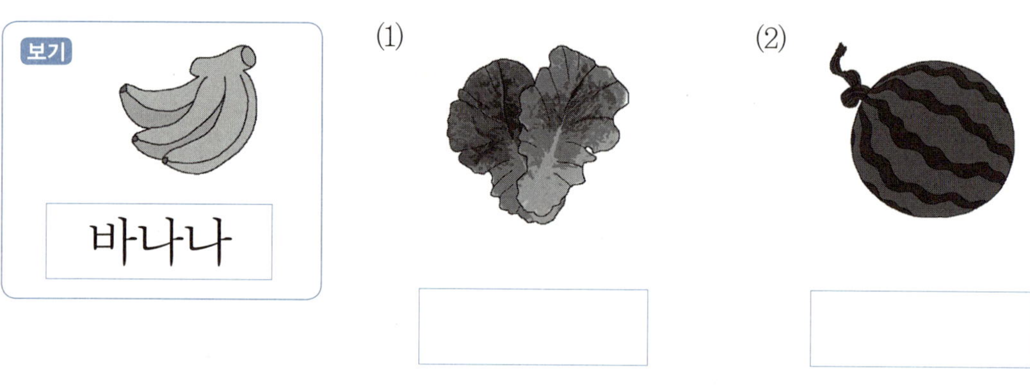

(6)

(7)

(8)

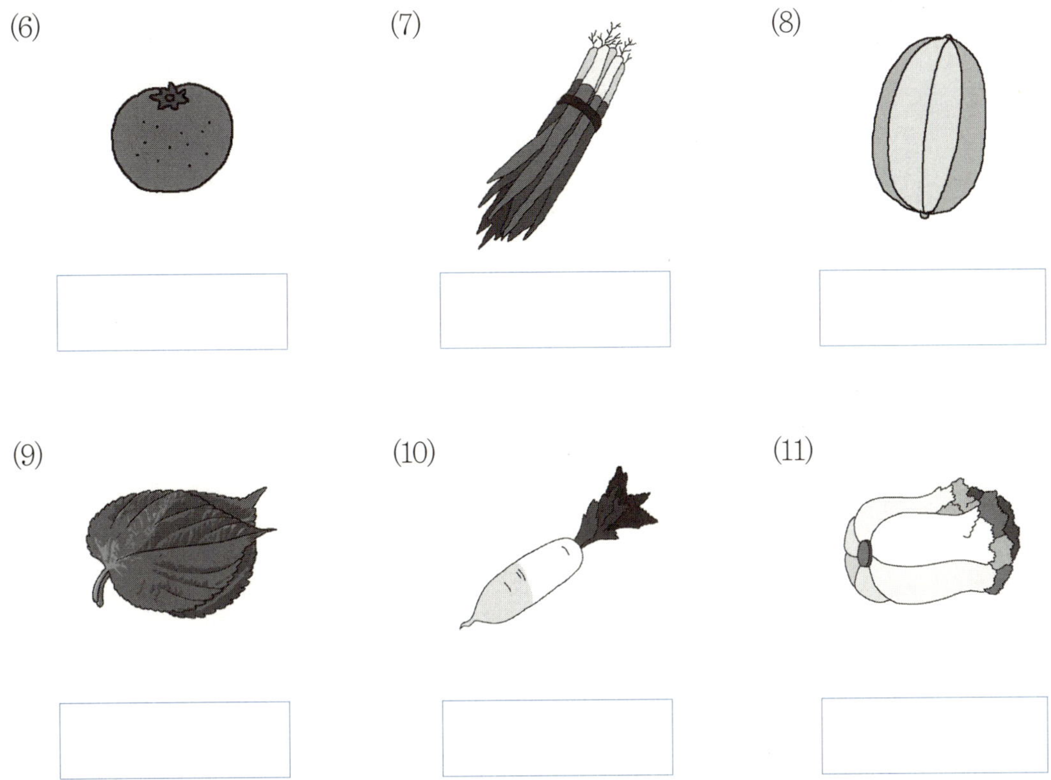

(9)

(10)

(11)

3 그림을 보고 '에'를 사용하여 문장을 쓰십시오. 看图用 '에' 完成句子。

(1)

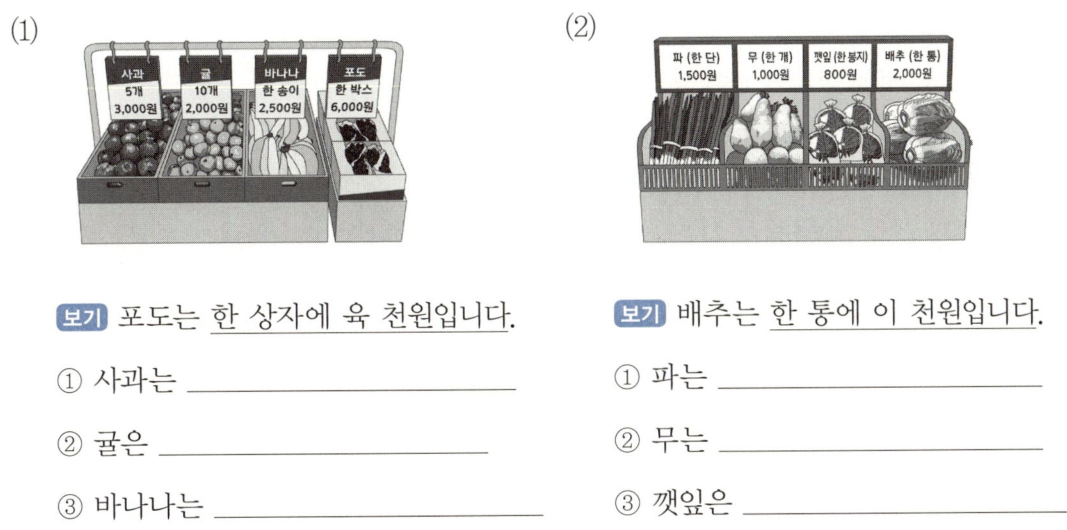

(2)

보기 포도는 <u>한 상자에 육 천원</u>입니다.

① 사과는 ___________________

② 귤은 ___________________

③ 바나나는 ___________________

보기 배추는 <u>한 통에 이 천원</u>입니다.

① 파는 ___________________

② 무는 ___________________

③ 깻잎은 ___________________

(3)

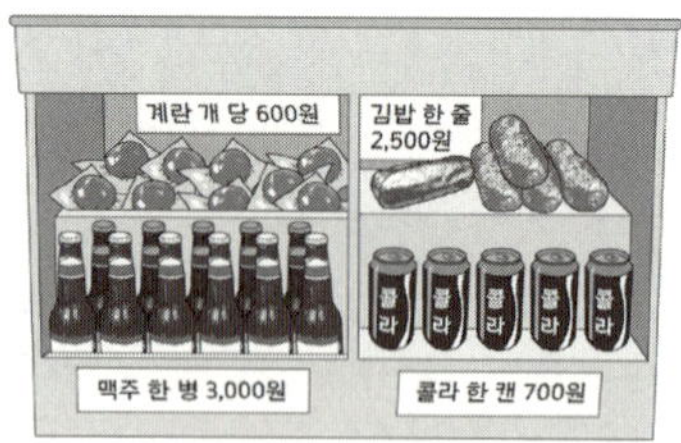

(4)

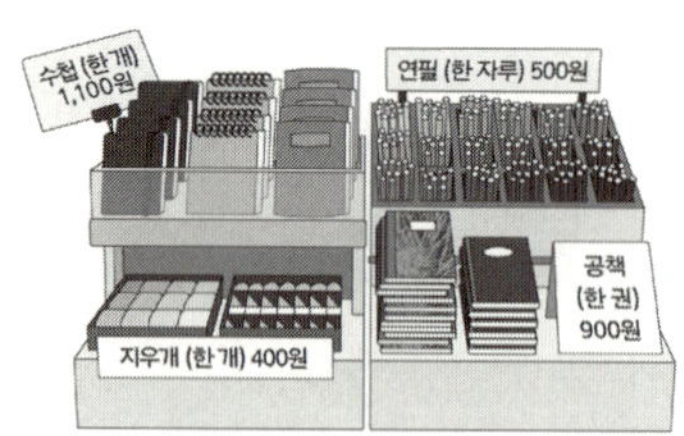

(3)

> **보기** 김밥은 한 줄에 이 천 오 백원입니다.

① 맥주는 ______________________

② 계란은 ______________________

③ 콜라는 ______________________

(4)

> **보기** 연필은 한 자루에 오 백원입니다.

① 공책은 ______________________

② 수첩은 ______________________

③ 지우개는 ______________________

4 '–으면/면'을 사용해서 두 문장을 한 문장으로 만드십시오.

用 '-으면/면' 将两个句子改写成一个句子。

> **보기** 덥습니다. 에어컨을 켜세요. → 더우면 에어컨을 켜세요.

(1) 2층으로 올라갑니다. 오른쪽에 화장실이 있습니다. →

(2) 피곤합니다. 빨리 주무십시오. →

(3) 아침에 시간이 없습니다. 밥을 안 먹습니다. →

(4) 국이 싱겁습니다. 소금을 넣으세요. →

5 '–으면/면'을 사용해서 대화를 만드십시오. 用 '-으면/면' 完成对话。

> **보기** 가 : 요즘에 용돈이 없어요.
> 나 : 돈이 없으면 아르바이트를 하세요.

(1) 가 : 춥고 머리가 아파요.

　　나 : ______________________

(2) 가 : 밖이 좀 시끄럽네요.

　　나 : _______________________________

(3) 가 : 모르는 단어가 많아요.

　　나 : _______________________________

(4) 가 : 이 옷이 예쁘지만 너무 비싸요.

　　나 : _______________________________

6 **'-으니까/니까'를 사용해서 두 문장을 한 문장으로 만드십시오.**
用 '-으니까/니까' 将两个句子改写成一个句子。

> [보기] 교실이 춥습니다. 창문을 닫아 주십시오.
> → 교실이 추우니까 창문을 닫아 주십시오.

(1) 오늘은 바쁩니다. 내일 오십시오. →

(2) 중요합니다. 꼭 기억하십시오. →

(3) 길이 막힙니다. 지하철을 탑시다. →

(4) 백화점은 비쌉니다. 시장에서 삽시다. →

7 **'-으니까/니까'를 사용해서 대화를 만드십시오.** 用 '-으니까/니까' 完成对话。

> [보기] 가 : 오늘은 시간이 없으니까 간단한 것을 먹읍시다. (오늘은 시간이 없다)
> 　　나 : 네, 그럽시다.

(1) 가 : _______________이니까/니까 조금 일찍 출발합시다. (지금 출근 시간이다)

　　나 : 네, 그럽시다.

(2) 가 : _______________으니까/니까 내일 만납시다. (오늘은 다른 약속이 있다)

　　나 : 네, 그럽시다.

(3) 가 : ________________이니까/니까 조용히 하십시오. (수업중이다)

　　나 : 네, 그럽시다.

(4) 가 : ________________으니까/니까 회의를 시작하십시오. (모두 왔다)

　　나 : 네, 그럽시다.

8 **다음 단어의 의미를 쓰십시오.** 写出下面词语的意思。

	중국어	한국어
보기	爬山	등산하다
1	打工费	
2	窗户	
3	足球	
4	请客	
5	讲价	
6	太	
7	梨	
8	多少	
9	柿饼	
10	课本	
11	购买	
12	本	
13	规格	
14	克	
15	葱	
16	老顾客	
17	柠檬	

18	希望	
19	箱	
20	桃	
21	冰水	
22	清爽	
23	鲜扎果汁	
24	冰淇淋	
25	冰茶	
26	告知	
27	牛奶	
28	原产地	
29	饮料	
30	以上	
31	畅销商品	
32	杂志	
33	所有商品	
34	济州岛	
35	蔬菜	
36	猕猴桃	
37	西红柿	
38	红豆	
39	汉拏峰	
40	合计	
41	热巧克力	
42	柿子	
43	橘子	

44	苏子叶	
45	捆	
46	草莓	
47	萝卜	
48	香蕉	
49	白菜	
50	袋儿	
51	盒	
52	生菜	
53	朵	
54	西瓜	
55	洋葱	
56	香瓜	

9 **다음 문장을 번역하십시오.**

翻译下面句子。

> 보기 您要买多少? → 얼마나 사실 거예요?

(1) 请给我挑点儿好的吧。→

(2) 我多买，你就给我便宜点儿吧。→

(3) 苹果和梨多少钱? →

(4) 多买能给你便宜点儿。→

补充生词

청소를 하다 打扫   포도 葡萄   줄 串   계란 鸡蛋   자루 袋儿   에어컨 空调   켜다 开   올라가다 上去
피곤하다 累   국 汤   소금 食盐   넣다 放   용돈 零钱   모르다 不知道   단어 词语   꼭 一定
기억하다 记住   지하철 地铁   타다 乘坐   간단하다 简单   출발하다 出发   조용히 安静地   수업 중 正在上课中

제13과

여기서 교통카드를 충전할 수 있어요?

▶ **다음을 보고 쓰십시오.** 练习写句子。

실례지만 여기서 교통카드

를 충전할 수 있어요?

네, 할 수 있어요. 얼마나

충전하실 거예요?

오천 원 어치만 충전해

주세요.

네, 잠깐만 기다리세요.

제가 직접 충전할 수도

있어요?

네, 다음에는 교통카드 충

전기를 이용해 보세요.

그래요? 그럼 교통카드 충

전기는 어디에 있어요?

지하철 매표소나 편의점에

있어요.

1 **알맞은 단어를 쓰십시오.** 选词填空。

| 실례 | 직접 | 기다리다 | 어치 | 이용하다 |

> **보기** <u>실례</u>지만 한국대학교가 어디에 있습니까?

(1) 사과 오천 원________ 주세요.

(2) 다음에는 ________ 오지 말고 전화로 주문하세요.

(3) 버스정류장에서 버스를 오래 ________었/았/였습니다.

(4) 도서관에 있는 컴퓨터는 누구든지 ________을/ㄹ 수 있습니다.

2 **그림을 보고 쓰십시오.** 看图写颜色。

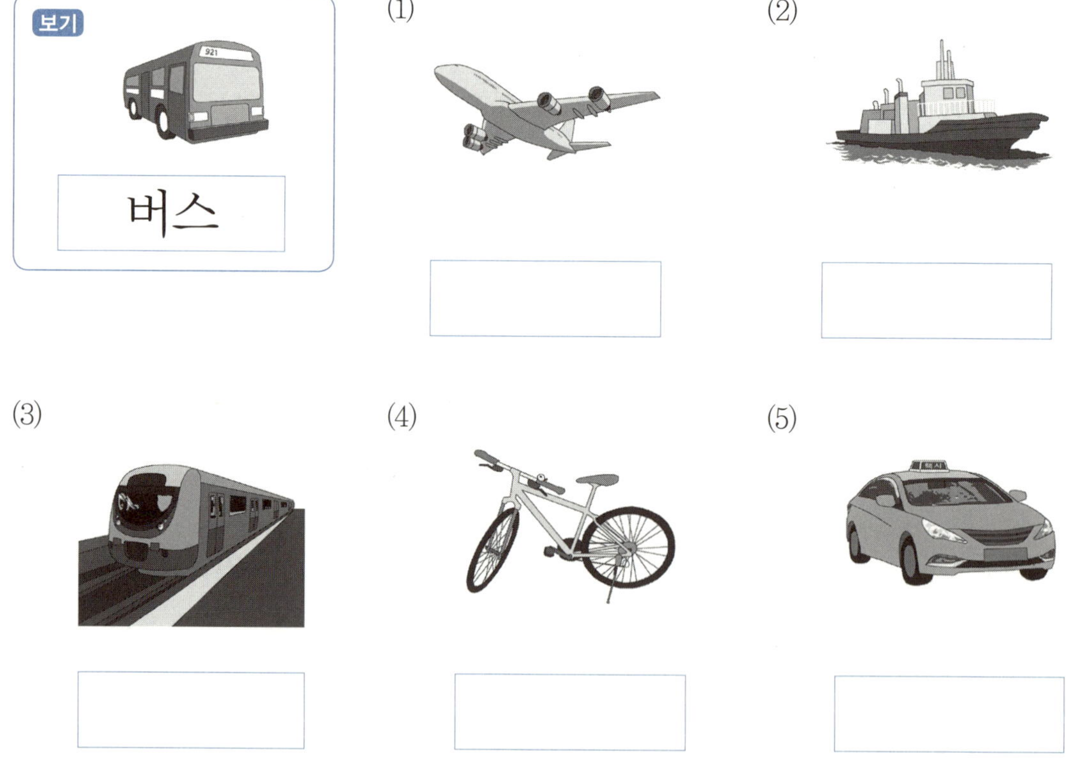

(1)

(2)

(3)

(4)

(5)

(6)　　　　　　　(7)　　　　　　　(8)

3 '–을/ㄹ 수 있다'를 사용해서 문장을 만드십시오. 用 '–을/ㄹ 수 있다' 完成句子。

> 보기　밍밍 씨는 피아노를 <u>칠 수 있습니다.</u> (치다)

(1) 저는 한국 신문을 ＿＿＿＿＿＿＿＿＿ (읽다)

(2) 옷이 커서 뚱뚱한 사람도 ＿＿＿＿＿＿＿＿＿ (입다)

(3) 저는 일본에 5년 살아서 ＿＿＿＿＿＿＿＿＿ (일본말을 하다)

(4) 하숙집 아주머니께 배워서 ＿＿＿＿＿＿＿＿＿ (한국 음식을 만들다)

4 '–을/ㄹ 수 없다'를 사용해서 문장을 만드십시오. 用 '–을/ㄹ 수 없다' 完成句子。

> 보기　약속이 있어서 같이 점심을 <u>먹을 수 없습니다.</u> (먹다)

(1) 아파서 수업에 ＿＿＿＿＿＿＿＿＿ (가다)

(2) 요즘 바빠서 ＿＿＿＿＿＿＿＿＿ (쉬다)

(3) 김치가 너무 매워서 ＿＿＿＿＿＿＿＿＿ (먹다)

(4) 미안합니다. 다른 일이 생겨서 ＿＿＿＿＿＿＿＿＿ (약속을 지키다)

5 '–을/ㄹ수 있다', '–을/ㄹ 수 없다'를 사용해서 대화를 만드십시오.
用 '–을/ㄹ수 있다'、'–을/ㄹ 수 없다' 完成对话。

> 보기 가 : 운전할 수 있어요?　　　　가 : 오늘까지 일을 끝낼 수 있어요?
> 　　　나 : <u>네, 운전할 수 있어요.</u>　　나 : <u>아니요, 오늘까지 일을 끝낼 수 없어요.</u>

(1) 가 : 한국 노래를 부를 수 있어요?
　　나 : ________________________________

(2) 가 : 스케이트를 탈 수 있어요?
　　나 : ________________________________

(3) 가 : 불고기를 만들 수 있어요?
　　나 : ________________________________

(4) 가 : 주말에 이사해요. 도와줄 수 있어요?
　　나 : ________________________________

6 '–어/아/여 보다'를 사용해서 문장을 만드십시오. 用 '–어/아/여 보다' 完成句子。

> 보기 손님에게 잘 어울릴 것 같아요. 한번 <u>입어 보세요.</u> (입다)

(1) 구두가 편하고 예뻐요. ___________________ (신다)

(2) 떡볶이가 맛있어요. 한번 ___________________ (먹다)

(3) 소설책이 아주 재미있어요. ___________________ (읽다)

(4) 지금 백화점에서 세일을 해요. 한번 ___________________ (가다)

7 **'–어/아/여 보다'를 사용해서 편지를 완성하십시오.** 用 '-어/아/여 보다' 完成下面书信。

> 밍밍 씨 안녕하세요?
>
> 저는 지금 제주도에 있어요. 친구하고 같이 여행을 왔어요. 아주 재미있어요. 밍밍 씨도 한번 제주도에 보기 와 보세요. 저는 비행기를 타지 않고 배를 타고 제주도에 왔어요. 배에서 바다 구경을 하니까 아주 좋았어요. 밍밍 씨도 배를 타고 1) _________________ 제주도에는 산하고 바다가 있어서 수영도 할 수 있고 등산도 할 수 있어요. 여름에 제주도에 오면 바닷가에서 2) _________________ 그리고 한라산이 아주 유명하니까 꼭 3) _________________ 또 제주도 귤은 달고 맛있어요. 밍밍 씨도 제주도에 오면 한번 4) _________________

8 **'이나/나'를 사용해서 문장을 완성하십시오.** 用 '이나/나' 完成句子。

> 보기 영국이나 호주로 여행을 가고 싶어요.

(1) 12시______ 1시에 점심을 먹어요.

(2) 경제학______ 경영학을 전공하고 싶어요.

(3) 친구 생일에 꽃______ 케이크를 줘요.

(4) 월요일______ 화요일에 만납시다.

9 **'이나/나'를 사용해서 대화를 만드십시오.** 用 '이나/나' 完成对话。

> 보기 가 : 무엇을 먹을까요? (비빔밥/냉면)
> 나 : 비빔밥이나 냉면을 먹읍시다.

(1) 가 : 어디에서 만날까요? (서울역/명동)
　　나 : _________________________________

(2) 가 : 제가 언제 전화할까요? (2시/3시)

　　나 : _______________________________________

(3) 가 : 선물로 무엇을 받고 싶어요? (시계/가방)

　　나 : _______________________________________

(4) 가 : 학교에 어떻게 가요? (지하철/버스)

　　나 : _______________________________________

10 **다음 단어의 의미를 쓰십시오.** 写出下面词语的意思。

	중국어	한국어
보기	失礼	실례
1	直接	
2	交通卡	
3	充电	
4	充电器	
5	利用	
6	等	
7	售票处	
8	机场	
9	车站	
10	站	
11	公共汽车	
12	地铁	
13	飞机	
14	船	
15	火车	

16	自行车	
17	出租车	
18	汽车	
19	长途汽车	
20	小巴	
21	坐，上	
22	下	
23	换	
24	提前	
25	铃	
26	按	
27	升降梯	
28	小心	
29	照片	
30	照	
31	读	
32	腿	
33	受伤	
34	列车	
35	号线	
36	现金	
37	信用卡	
38	丢	
39	确认	
40	询问	
41	停（车）	

42	优惠	
43	停车场	
44	出口	
45	大型	
46	小型	

11 다음 문장을 번역하십시오.

翻译下面句子。

> **보기**   请稍等。→ 잠깐만 기다리세요.

(1) 请问，这里可以充交通卡吗？ →

(2) 地铁售票处或便利店里有。→

(3) 交通卡充电器在哪儿？ →

(4) 充5000元的。→

补充生词

전화 电话	주문하다 预定	오래 久	누구든지 谁都	피아노 钢琴	치다 谈	신문 报纸	일본말 日语

전화 电话　주문하다 预定　오래 久　누구든지 谁都　피아노 钢琴　치다 谈　신문 报纸　일본말 日语
아주머니 大嫂　미안하다 对不起　일이 생기다 出事　지키다 遵守　운전하다 驾驶　부르다 唱　스케이트 滑冰
주말 周末　이사하다 搬家　어울리다 配　명동 明洞　산 山　바다 大海　바닷가 海边　한라산 漢拿山
서울역 首尔站　뚱뚱하다 胖　끝내다 结束

제14과

여기서 조금 먼데 걸어서 가실 거예요?

▶ **다음을 보고 쓰십시오.** 练习写句子。

실례합니다.

놀이공원 입구가 어디예요?

여기서 조금 먼데 걸어서 가실 거예요?

걸어서 가면 얼마나 걸려요?

이십 분쯤 걸릴 거예요.

그럼 길을 좀 가르쳐 주

세요.

저기 사거리까지 쭉 가서

오른쪽으로 가세요.

저기 신호등이 있는 사거

리요?

네. 우회전해서 똑바로

백 미터쯤 가면 횡단보도

가 있어요.

횡단보도를 건너면 놀이공

원 입구가 보일 거예요.

1 **알맞은 단어를 쓰십시오.** 选词填空。

| 똑바로 | 건너다 | 걸리다 | 우회전 | 오른쪽 |

> 보기 여기에서 <u>오른쪽</u>으로 10미터 쯤 가세요.

(1) 신호등 앞에서 __________하세요.

(2) 저기 사거리까지 __________ 가세요.

(3) 집에서 학교까지 얼마나 __________어요/아요/여요?

(4) 횡단보도를 __________으면/면 놀이공원 입구가 보일 거예요.

2 **그림을 보고 쓰십시오.** 看图写颜色。

보기

오른쪽

(1)

(2)

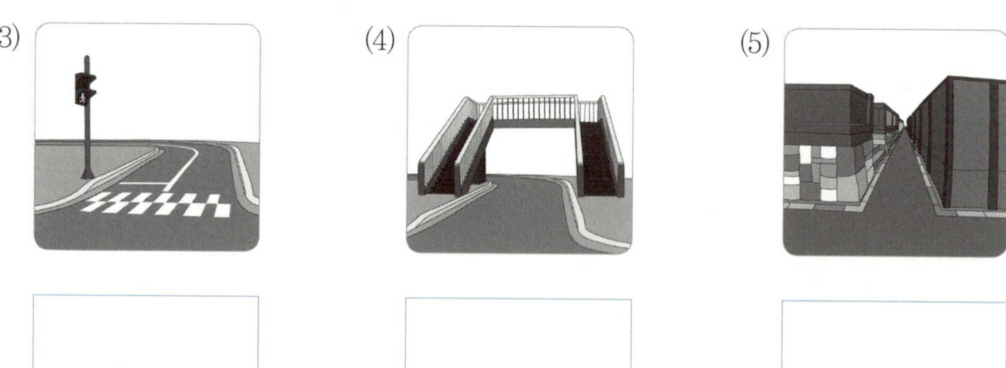

(3)

(4)

(5)

3 표를 보고 '에서'와 '까지'를 사용해서 대화를 만드십시오.

看表用'에서'、'까지'完成对话。

장소	시간
집 → 지하철역	10분
집 → 학교	30분
서울 → 대전	2시간 반
베이징 → 상하이	8시간 20분
인천 → 베이징	1시간 45분

보기　가 : 집<u>에서</u> 지하철역<u>까지</u> 얼마나 걸려요?
　　　나 : 10분 걸려요.

(1) 가 : 집________ 학교________ 몇 분쯤 걸려요?
　　 나 : 30분 걸려요.

(2) 가 : 서울________ 대전________ 몇 시간 걸려요?

　　나 : 2시간 반 걸려요.

(3) 가 : _______________________________

　　나 : 8시간 20분 걸려요.

(4) 가 : _______________________________

　　나 : 1시간 45분 걸려요.

4 **'-는데/은데/ㄴ데'를 사용해서 두 문장을 한 문장으로 만드십시오.**
用 '-는데/은데/ㄴ데' 将两个句子改写成一个句子。

> 보기　저는 한국 음식을 좋아해요. 밍밍 씨는 무슨 음식을 좋아하세요?
> 　　→ 저는 한국 음식을 좋아하는데 밍밍 씨는 무슨 음식을 좋아하세요?

(1) 저는 영화를 자주 봅니다. 민철 씨는 취미가 뭐예요?

　　→

(2) 지금 백화점에 갑니다. 같이 가시겠어요?

　　→

(3) 티셔츠가 작습니다. 좀 큰 건 없어요?

　　→

(4) 비빔냉면은 맵습니다. 먹을 수 있어요?

　　→

5 **'-는데/은데/ㄴ데'를 사용해서 대화를 완성하십시오.** 用 '-는데/은데/ㄴ데' 完成对话。

> 보기　가 : 서울은 눈이 많이 오는데 북경은 어때요?
> 　　나 : 북경은 바람이 불고 추워요.

(1) 가 : _____________________는데/은데/ㄴ데 진호 씨는 무엇을 좋아해요?

나 : 저도 불고기를 좋아합니다.

(2) 가 : _____________________는데/은데/ㄴ데 같이 가시겠어요?

나 : 아니요, 저는 벌써 교과서를 샀어요.

(3) 가 : _____________________는데/은데/ㄴ데 리리 씨도 한국 친구가 많아요?

나 : 아니요. 저는 한국 친구가 많지 않아요.

(4) 가 : _____________________는데/은데/ㄴ데 무슨 선물이 좋을까요?

나 : 함께 먹을 수 있는 생일 케이크가 좋을 것 같아요.

6 '–을/ㄹ 거예요'를 사용해서 문장을 만드십시오. 用 '-을/ㄹ 거예요' 完成句子。

> **보기** 일요일에는 백화점에 사람이 많을 거예요.(사람이 많다)

(1) 일찍 출발했으니까 _________________ (늦지 않다)

(2) 출근 시간에는 교통이 _________________ (복잡하다)

(3) 열심히 공부했으니까 _________________ (시험을 잘 보다)

(4) 스미스 씨는 매운 음식을 좋아하니까 _________________ (한국 음식을 좋아하다)

7 '–을/ㄹ 거예요'를 사용해서 대화를 만드십시오. 用 '-을/ㄹ 거예요' 完成对话。

> **보기** 가 : 음식이 충분할까요?
>
> 나 : 많이 준비했으니까 충분할 거예요.

(1) 가 : 밍밍 씨에게 책을 선물하면 기뻐할까요?

나 : 네, 밍밍 씨는 책을 좋아하니까 _________________

(2) 가 : 여기에서 명동까지 얼마나 걸릴까요?

나 : 퇴근시간이니까 _________________

(3) 가 : 영화표를 예매하지 않았는데 영화를 볼 수 있을까요?

　　나 : 평일이니까 ＿＿＿＿＿＿＿＿＿＿＿＿＿＿＿

(4) 가 : 지금 민철 씨가 어디에 있을까요?

　　나 : ＿＿＿＿＿＿＿＿＿＿＿＿＿＿＿＿＿＿＿＿

8 '–어서/아서/여서'를 사용해서 두 문장을 한 문장으로 만드십시오.
用 '-어서/아서/여서' 将两个句子改写成一个句子。

> 보기　횡단보도를 건넙니다. 왼쪽으로 가세요.
> 　→ 횡단보도를 건너서 왼쪽으로 가세요.

(1) 아침마다 빵집에 갑니다. 샌드위치를 삽니다.

　　→

(2) 오후에 이메일을 씁니다. 부모님께 보냈어요.

　　→

(3) 가방을 삽니다. 친구에게 선물했어요.

　　→

(4) 주말마다 일찍 일어납니다. 운동을 합니다.

　　→

9 그림을 보고 '–어서/아서/여서'를 사용해서 문장을 만드십시오.

看图用 '-어서/아서/여서' 完成句子。

> 보기 아침에 일어나서 수영장에 갑니다.

(1) 수영장에 _______________________________________

(2) 친구를 _______________________________________

(3) 슈퍼마켓에 _______________________________________

(4) 음식을 _______________________________________

10 다음 단어의 의미를 쓰십시오. 写出下面词语的意思。

	중국어	한국어
보기	过	건너다
1	入口	
2	远	
3	走	
4	需要	

5	左右	
6	道，路	
7	教	
8	十字路口	
9	游乐公园	
10	一直	
11	红绿灯	
12	怎么	
13	人行横道	
14	天桥	
15	地下道	
16	胡同	
17	对面	
18	右边	
19	左边	
20	右转	
21	左转	
22	回去	
23	下去	
24	上去	
25	出去	
26	出来	
27	进去	
28	小说书	
29	借	
30	示意图	

31	消防队	
32	路线图	

11 다음 문장을 번역하십시오. 翻译下面句子。

> 보기 游乐公园入口在哪儿? → 놀이공원 입구가 어디예요?

(1) 走着去需要多长时间?

　→

(2) 可能需要20分钟。

　→

(3) 右转以后，一直往前走就有人行横道。

　→

(4) 离这儿有点儿远。

　→

补充生词

대전 大田	베이징 北京	상하이 上海	인천 仁川	취미 爱好	비빔냉면 拌冷面	바람 风	불다 刮
케이크 蛋糕	복잡하다 复杂	충분하다 充分	퇴근 下班	기뻐하다 高兴	영화표 电影票	예매하다 预定	
평일 平日	샌드위치 三明治	보내다 发送	수영장 游泳场	늦다 晚	선물하다 送礼	걷다 走	

제15과

이쪽은 제 친구 김지훈이에요.

▶ **다음을 보고 쓰십시오.** 练习写句子。

죄송합니다. 제가 좀 늦었습니다.

저희도 방금 왔습니다. 찾기가 힘들지 않았어요?

입구를 찾지 못해서 좀 헤맸어요.

인사하세요. 이쪽은 제 친구 김지훈이에요.

말씀 많이 들었습니다.

김지훈이라고 합니다.

안녕하세요? 저는 장밍밍이에요.

지훈이는 제 고등학교 친구인데 지금 무역 회사에서 일하고 있어요.

만나서 반가워요. 요즘 제가 중국어를 배우고 있는데 나중에 좀 가르쳐 주세요.

1 **알맞은 단어를 쓰십시오.** 选词填空。

| 말씀 | 헤매다 | 무역 회사 | 힘들다 | 방금 |

> 보기 처음 가는 길이어서 많이 <u>헤맸어요</u>.

(1) 대학을 졸업하고 ___________에 취직하고 싶습니다.

(2) 선생님께서 좋은 ___________을/를 많이 해 주셨어요.

(3) ___________ 점심을 먹어서 배가 고프지 않아요.

(4) 요즘 회사에 일이 많아서 ___________어요/아요/여요.

2 **그림을 보고 쓰십시오.** 看图写颜色。

(1) 

(2) 

(3) 

(4) 

(5) 

3 '–지 못하다', '못'을 사용해서 문장을 만드십시오.

用 '-지 못하다'、'못' 完成句子。

→ <u>재료가 없어서 음식을 만들지 못해요.</u>
→ <u>재료가 없어서 음식을 못 만들어요.</u>

(1)

→
→

(2)

→
→

(3)

→
→

(4)

→
→

4 '–지 못하다', '못'을 사용해서 문장을 만드십시오. 用'-지 못하다'、'못'完成句子。

> 보기 가 : 한국음식을 만들어 주세요.　　가 : 한국 노래를 부를 수 있어요?
> 　　　나 : 미안해요. <u>만들지 못해요.</u>　　나 : 아니요. <u>못 불러요.</u>

(1) 가 : 매운 음식을 먹을 수 있어요?

　　나 : 아니요, ________________________

(2) 가 : 2시에 정문 앞에서 만납시다.

　　나 : 미안해요. ________________________

(3) 가 : 더 드세요.

　　나 : 아니요, ________________________

(4) 가 : 어제 잘 잤어요?

　　나 : 아니요, ________________________

5 '–는데/은데/ㄴ데'를 사용해서 두 문장을 한 문장으로 만드십시오.
用'-는데/은데/ㄴ데'将两个句子改写成一个句子。

> 보기 이 볼펜은 500원입니다. 싸고 좋습니다.
> 　　→ <u>이 볼펜은 500원인데 싸고 좋습니다.</u>

(1) 장밍밍 씨는 제 친구입니다. 중국에서 왔어요.

　　→

(2) 요즘 한국어를 배웁니다. 좀 어렵습니다.

　　→

(3) 학교 기숙사는 가까워서 좋습니다. 좀 시끄러워요.

　　→

(4) 어제 학교 앞 중국집에 갔습니다. 주인이 친절하고 음식 맛도 좋았어요.

　　→

6 '–는데/은데/ㄴ데'를 사용해서 대화를 완성하십시오. 用 '-는데/은데/ㄴ데' 完成对话。

> 보기 가 : 어디 가세요?
>
> 나 : 슈퍼마켓에 <u>가는데</u> 필요한 것이 있으면 말씀하세요.

(1) 가 : 앞에 계신 분은 누구세요?

　　나 : ＿＿＿＿＿＿는데/은데/ㄴ데 친절하고 잘 가르치세요.

(2) 가 : 어느 시장에 예쁜 티셔츠가 많아요?

　　나 : ＿＿＿＿＿＿는데/은데/ㄴ데 값도 싸요.

(3) 가 : 한국어 공부하기가 어때요?

　　나 : ＿＿＿＿＿＿는데/은데/ㄴ데 빨리 늘지 않아서 걱정이에요.

(4) 가 : 어제 저녁에 무엇을 드셨어요?

　　나 : ＿＿＿＿＿＿는데/은데/ㄴ데 조금 매웠지만 맛있었어요.

7 **'–고 있다'를 사용해서 대화를 만드십시오.** 用'-고 있다'完成对话。

> **보기** 가 : 지금 뭘 하고 있어요?
> 나 : <u>친구를 기다리고 있어요.</u>

(1) 가 : 요즘 뭘 공부하고 있어요?

　　나 : ________________________________

(2) 가 : 지금 뭘 먹고 있어요?

　　나 : ________________________________

(3) 가 : 어디에서 일하고 있어요?

　　나 : ________________________________

(4) 가 : 누구를 기다리고 있어요?

　　나 : ________________________________

8 **다음 단어의 의미를 쓰십시오.** 写出下面词语的意思。

	중국어	한국어
보기	对不起	죄송하다, 미안하다
1	晚	
2	问候	
3	难	
4	徘徊	
5	听	
6	刚才	
7	以后	
8	"话"的敬语	
9	贸易	

10	公司	
11	汉语	
12	幼儿园	
13	小学	
14	中学	
15	高中	
16	大学	
17	研究所	
18	同窗	
19	同门	
20	前辈	
21	后辈	
22	班同学	
23	同屋	
24	公司职员	
25	银行职员	
26	律师	
27	医生	
28	警察	
29	老师	
30	主妇	
31	报纸	
32	电话	
33	名片	
34	联络	
35	特别	

36	月末	
37	广告	
38	职业	
39	新闻广播学	
40	"在，有"的敬语	
41	地址	
42	邮编	
43	市	
44	区	
45	洞	
46	传真	
47	邮件	
48	室长	
49	游泳	
50	讲师	
51	学历	
52	毕业	
53	滑雪	
54	爱好	
55	消息	
56	年龄	
57	性别	
58	国籍	
59	问题	
60	外国	

9 **다음 문장을 번역하십시오.** 翻译下面句子。

> 보기　见到你很高兴。→ 만나서 반가워요.

(1) 这边是我的朋友崔志勳。

　　→

(2) 对不起，我来晚了。

　　→

(3) 是我高中同学，现在在一家贸易公司工作。

　　→

(4) 最近我在学汉语，以后教我一点儿。

　　→

补充生词

한글 韩文　고장이 나다 出故障　주인 主人　맛 味道　늘다 增加　걱정 担心　재료 材料　출퇴근 시간 上下班时间
인터넷 因特网　검색하다 检索

제 **16** 과

형제가 어떻게 돼요?

▶ **다음을 보고 쓰십시오.** 练习写句子。

밍밍 씨는 형제가 어떻게

돼요?

저는 외동딸이에요.

지훈 씨는요?

형과 누나, 그리고 여동생

이 있어요.

형제가 많아서 좋겠어요.

네, 어려운 일이 있을 때

서로 도와주니까 좋아요

.

하지만 어렸을 때는 형하고 많이 싸웠어요.

형은 무슨 일을 하세요?

회사원이에요.

지금은 결혼해서 따로 살고 있어요.

가족들이 모두 모이면 참 재미있겠어요.

1 알맞은 단어를 쓰십시오. 选词填空。

| 외동딸 | 여동생 | 싸우다 | 모이다 | 따로 |

> **보기** 오랜만에 가족들이 모두 <u>모여서</u> 참 좋았어요.

(1) 저는 형과 ________이/가 있어요.

(2) 어렸을 때는 친구와 자주 ________었어요/았어요/였어요.

(3) 요즘은 부모님과 같이 살지 않고 ________ 살고 있어요.

(4) 저는________이어서/여서 형제가 많은 친구가 부러워요.

2 그림을 보고 빈 칸을 채우십시오. 看图填空。

3 **맞는 것을 고르십시오.** 选择正确答案。

> 보기   책상 위에 꽃(과/와) 시계가 있습니다.

(1) 딸기(과/와) 사과를 제일 좋아해요.

(2) 백화점에 가서 옷(과/와) 신발을 샀습니다.

(3) 삼촌(과/와) 이모가 선물을 주셨어요.

(4) 밍밍 씨(과/와) 같이 영화를 볼 거예요.

4 **(   ) 안에 쓰십시오.** 填空。

> 지난 주말에 진호 씨(보기 와) 함께 서점에 갔습니다. 서점은 모두 3층이었습니다. 1층(   ) 2층에는 여러 가지 책이 있었고 3층에는 음악 CD를 파는 곳(   ) 커피숍, 그리고 문구점이 있었습니다. 우리는 책(   ) 음악 CD를 사고 커피숍에서 커피를 마셨습니다. 그리고 문방구에 가서 지우개(   ) 공책을 샀습니다.

5 **알맞은 대답을 찾아 연결하십시오.** 将相对应的内容连接起来。

> 보기   가 : 주말이에요.
>   나 : 교통이 복잡하겠어요.

보기 주말이에요.   • 피곤하겠어요.

(1) 어제 2시간 잤어요.   •   • 교통이 복잡하겠어요.

(2) 저는 도서관에서 일해요.   •   • 날씨가 춥겠어요.

(3) 기말시험을 잘 봤어요.   •   • 책을 많이 읽겠어요.

(4) 비가 오고 바람이 많이 붑니다. •   • 기분이 좋겠어요.

6 '–겠'를 사용해서 대화를 완성하십시오. 用 '–겠' 完成对话。

> 보기 가 : 주말에 데이트를 해요.
> 나 : 기분이 좋겠어요.

(1) 가 : 저는 여행사에서 일합니다.
　　나 : _______________________________

(2) 가 : 학교까지 두 시간 걸어서 왔어요.
　　나 : _______________________________

(3) 가 : 제가 만든 김밥이에요. 드셔 보세요.
　　나 : _______________________________

(4) 가 : 지훈 씨는 성격도 좋고 잘 생겼어요.
　　나 : _______________________________

7 '–을/ㄹ 때'를 사용해서 두 문장을 한 문장을 만드십시오.
用 '–을/ㄹ 때' 将两个句子改写成一个句子。

> 보기 학교에 갑니다. / 버스를 탑니다. → 학교에 갈 때 버스를 탑니다.

(1) 공부해요. / 음악을 들어요. →

(2) 심심해요. / 만화책을 읽어요. →

(3) 쇼핑해요. / 기분이 좋아요. →

(4) 여름 방학 / 할아버지 댁에 갈 거예요. →

8 '–을/ㄹ 때'를 사용해서 대화를 만드십시오. 用 '–을/ㄹ 때' 完成对话。

> 보기 가 : 시간이 있을 때 무엇을 하세요?
>
> 나 : <u>시간이 있을 때 영화를 봐요.</u>

(1) 가 : 무엇을 할 때 행복해요?

　　나 : ________________________________

(2) 가 : 여행 갔을 때 어땠어요?

　　나 : ________________________________

(3) 가 : 언제 힘들어요?

　　나 : ________________________________

(4) 가 : 언제 부모님이 보고 싶어요?

　　나 : ________________________________

9 다음 단어의 의미를 쓰십시오. 写出下面词语的意思。

	중국어	한국어
보기	兄弟姐妹	형제
1	哥哥	
2	姐姐	
3	妹妹	
4	独生女	
5	独生子	

6	帮助	
7	年轻	
8	打架	
9	结婚	
10	聚	
11	另外	
12	真	
13	爷爷	
14	奶奶	
15	外公	
16	外婆	
17	爸爸	
18	妈妈	
19	大爷	
20	大娘	
21	姑姑	
22	姑父	
23	叔叔	
24	姨妈	
25	姨夫	
26	欧洲	
27	旅行	
28	住院	
29	奖学金	
30	心情	
31	自己	

32	介绍	
33	各自	
34	家族	
35	观光区	
36	"生日"的敬语	
37	人参茶	
38	证券公司	
39	家训	
40	平时	
41	做菜手艺	
42	生气	
43	害怕	
44	留学	
45	一定	
46	梦	
47	音乐	
48	感想	
49	读书	
50	庆典	
51	聚会	
52	交流	
53	活动	
54	申请书	
55	姓名	
56	韩文	
57	英文	

58	出生年月日	
59	宗教	
60	关系	

10 다음 문장을 번역하십시오. 翻译下面句子。

> 보기 你有兄弟姐妹吗? → 형제가 어떻게 돼요?

(1) 有哥哥和姐姐，还有妹妹。

   →

(2) 我是独生女。

   →

(3) 家人聚在一起，应该很有意思吧。

   →

(4) 有难事儿的时候，可以互相帮助，挺好的。

   →

补充生词

부럽다 羡慕　　기말시험 期末考试　　데이트를 하다 约会　　여행사 旅行社　　잘 생기다 帅　　만화책 漫画书
댁 "家"的敬语　　행복하다 幸福

제**17**과

연구실로 한번 전화해 보세요.

▶ **다음을 보고 쓰십시오.** 练习写句子。

여보세요. 박진호 씨 휴대

전화이지요?

아, 밍밍 씨군요. 그동안

어떻게 지냈어요?

잘 지냈어요. 지금 전화

통화 가능하세요?

네, 괜찮아요. 그런데 무슨

일이에요?

김 선생님 전화번호를 알

고 싶어서요.

그래요? 잠깐만요. 김 선생님 휴대폰 번호는 공일공-이삼사일-일이삼사이고 연구실 번호는 이육사팔-칠삼이일이에요. 고마워요. 지금 연구실에 계실까요? 수업이 있으니까 계실 거예요. 연구실로 한번 전화해 보세요.

1 **알맞은 단어를 쓰십시오.** 选词填空。

| 전화번호 | 그동안 | 여보세요 | 가능하다 | 알다 |

> **보기** 신청서에 이름과 <u>전화번호</u>를 써 주세요.

(1) _____________ 박진호 씨 좀 부탁합니다.

(2) 오래간만입니다. _____________ 잘 지내셨어요?

(3) 통화가 _____________은/ㄴ 시간을 말씀해 주세요.

(4) 김 교수님 휴대전화 번호를 _____________으면/면 가르쳐 주세요.

2 **그림을 보고 쓰십시오.** 看图写颜色。

> **보기**
> 통화하다

(1)

____

(2)

____

(4)

____

(5)

____

3 전화번호를 쓰십시오. 用韩国语写电话号码。

> 보기 제 전화번호는 2341-5678입니다.
> → <u>이삼사일의 오육칠팔입니다.</u>

(1) 제 휴대전화 번호는 010-9871-1234입니다.

→

(2) 서울역 전화번호는 1544-7788입니다.

→

(3) 제주공항 전화번호는 064-797-2114입니다.

→

(4) 서울 출입국관리사무소 전화번호는 02-2650-6212입니다.

→

4 '-지요?'를 사용해서 문장을 만드십시오. 用 '-지요?' 完成句子。

> 보기 출퇴근 시간에는 지하철에 사람이 많아요.
> → <u>출퇴근 시간에는 지하철에 사람이 많지요?</u>

(1) 한국은 겨울에 눈이 많이 와요. →

(2) 요즘 일이 많아서 바빠요. →

(3) 아침에 일찍 일어나요. →

(4) 숙제를 다 했어요. →

5 '-지요?'를 사용해서 대화를 만드십시오. 用 '-지요?' 完成对话。

> 보기 가 : 요즘 날씨가 <u>덥지요?</u>
> 나 : 네, 더워요.

(1) 가 : 왕룽 씨는 ________________

　　나 : 네, 중국 사람이에요.

(2) 가 : 김치가 ________________

　　나 : 아니요, 별로 맵지 않아요.

(3) 가 : 한국어 공부가 ________________

　　나 : 네, 재미있어요.

(4) 가 : 운동을 자주 ________________

　　나 : 아니요, 주말에만 가끔 해요.

6 **맞는 것을 고르십시오.** 选择正确答案。

> 보기 　주말이어서 극장에 사람이 (많군요, 　많는군요)

(1) 만화 영화가 (재미있군요, 　재미있는군요)

(2) 날마다 열심히 (공부하군요, 공부하는군요)

(3) 날씨가 별로 (춥지 않군요, 춥지 않는군요)

(4) 밍밍 씨, 불고기를 (좋아하시군요, 　좋아하시는군요)

7 **'–는군요/군요'를 사용해서 대화를 완성하십시오.** 用 '–는군요/군요' 完成对话。

> 보기 　가 : 저는 날마다 한국음식을 먹어요.
> 　　　나 : 한국음식을 좋아하는군요.

(1) 가 : 제 여자 친구 사진이에요.

　　나 : ________________

(2) 가 : 저는 주말마다 극장에 가요.

　　나 : ________________

(3) 가 : 지난주에 산 가방인데 만 원이에요.

　　나 : _________________________________

(4) 가 : 저는 이번 시험에서 100점 받았어요.

　　나 : _________________________________

8 **'–을까요?/ㄹ까요?'를 사용해서 문장을 완성하십시오.**

用 '–을까요?/ㄹ까요?' 完成句子。

보기

밍밍 씨가 인형을 좋아할까요?

(1) _________________________________

(2) _________________________________

(3) _________________________________

(4) _________________________________

9 **'–을까요?/ㄹ까요?'를 사용해서 대화를 완성하십시오.**
用 '-을까요?/ㄹ까요?' 完成对话。

> 보기　가 : 오후에 날씨가 <u>어떨까요?</u>
>
> 　　　나 : 맑을 것 같아요.

(1) 가 : 내일 왕룽 씨가 ＿＿＿＿＿＿＿＿＿＿＿＿＿＿＿

　　 나 : 네, 학교에 올 거예요.

(2) 가 : 모레가 밍밍 씨 생일인데 ＿＿＿＿＿＿＿＿＿＿＿＿＿

　　 나 : 밍밍 씨가 음악을 좋아하니까 음악CD가 좋을 것 같아요.

(3) 가 : 아버지께서 ＿＿＿＿＿＿＿＿＿＿＿＿＿＿＿

　　 나 : 지금 회사에 계실 거예요.

(4) 가 : 진호 씨가 ＿＿＿＿＿＿＿＿＿＿＿＿＿＿＿

　　 나 : 네, 집에 왔을 거예요.

10 **다음 단어의 의미를 쓰십시오.** 写出下面词语的意思。

	중국어	한국어
보기	研究室	연구실
1	喂	
2	手机	
3	那段时间	
4	通话	
5	能，可能	
6	电话	
7	知道	
8	国际电话	

9	长途电话	
10	市内电话	
11	区内电话	
12	公用电话	
13	语音留言	
14	短信	
15	发送	
16	接收	
17	打电话	
18	接电话	
19	挂电话	
20	复习	
21	快	
22	结束	
23	干净	
24	再	
25	介绍	
26	客户中心	
27	铁道	
28	地区	
29	犯罪	
30	投诉	
31	网站	
32	相关	
33	紧急电话	
34	地铁	

35	发生事故	
36	音乐会	
37	演出	
38	密码	
39	输入	
40	工作单位	

11 다음 문장을 번역하십시오. 翻译下面句子。

> 보기 是朴镇浩的手机吗? → 박진호 씨 휴대전화이지요?

⑴ 这段时间过得怎么样? →

⑵ 往研究室打一下电话吧。→

⑶ 我想知道金老师的电话号码。→

⑷ 现在在研究室吗? →

오래간만 好久不见   유학하다 留学   출입국관리사무소 出入境管理局   별로 不太   맑다 晴   부탁하다 拜托

지금 안 계시는데요.

▶ **다음을 보고 쓰십시오.** 练习写句子。

여보세요.

김 선생님 계세요?

지금 안 계시는데요.

실례지만 누구십니까?

저는 장밍밍이라고 합니다.

회의를 하러 가셨는데 아마 오후에 돌아오실 거예요.

그럼 김 선생님께 말씀

좀 전해 주시겠어요?

네, 말씀하세요.

내일 중국에서 부모님이

오셔서 제가 공항으로 모

시러 가야 해요.

그래서 수업에 갈 수 없

어요.

알겠습니다.

김 선생님께 전해 드릴게

요.

1 **알맞은 단어를 쓰십시오.** 选词填空。

| 회의 | 아마 | 전하다 | 돌아오다 | 모시다 |

> **보기** 요즘 회사에 <u>회의가</u> 많아서 아주 바빠요.

(1) 일요일이니까 ___________ 집에 있을 거예요.

(2) 도서관에서 공부하고 보통 6시 쯤에 집에 ___________어요/아요/아요.

(3) 지난 연휴에 부모님을 ___________고 여행을 갔었는데 참 좋았어요.

(4) 김 선생님께서 지금 안 계신데 ___________을/ㄹ 말씀이 있으세요?

2 **알맞은 단어를 쓰십시오.** 选词填空。

| 영상통화를 하다 | 휴대전화를 끄다 | 매너모드 | 메시지 | 배터리 |

> **보기** 매너모드

(1) _______________________

(2) _______________________

(3) _______________________

(4) _______________________

3 **알맞은 단어를 쓰십시오.** 选词填空。

| 스팸메시지 | 진동 | 통화중 | 남기다 | 잘못 걸다 |

> **보기** 가 : 저한테 이상한 문자메시지가 많이 와요.
> 나 : 요즘 저도 그런 스팸메시지를 많이 받아요.

(1) 가 : 거기 321-7654 아니에요?

　　나 : 아닙니다. 전화를 ________________으셨어요/셨어요.

(2) 가 : 리리 씨와 통화했어요?

　　나 : 아니요, 계속 ________________어서/아서/여서 통화를 못했어요.

(3) 가 : 김 교수님께서 안 계십니다.

　　나 : 그래요? 그럼 메모 좀 ________________어/아/여 주시겠어요?

(4) 가 : 여러 번 전화를 걸었는데 왜 안 받으셨어요?

　　나 : 전화기를 ________________으로/로 바꿔서 몰랐어요.

4 **'-는데요/은데요/ㄴ데요'를 사용해서 문장을 만드십시오.**

用 '-는데요/은데요/ㄴ데요' 完成句子。

> **보기** 저는 박진호인데요, 잘 부탁합니다. 　　　　(저는 박진호입니다).

(1) ________________, 내일 만날까요? 　　(오늘은 바쁩니다)

(2) ________________, 좀 깎아 주세요. 　　(너무 비쌉니다)

(3) ________________, 중국어로 말해도 돼요? 　(한국말을 잘 모릅니다)

(4) 미안합니다. ________________ 　　　　(지갑을 안 가지고 왔습니다)

18

5 다음은 전화 대화입니다. '-는데요/은데요/ㄴ데요'를 사용해서 대화를 만드십시오.
下面是一段电话对话，用'-는데요/은데요/ㄴ데요'完成对话。

박진호 : 여보세요, 장밍밍 씨 부탁합니다.

장밍밍 : [보기] 전데요, 누구세요?

박진호 : 밍밍 씨, 저 1) _______________ 그동안 잘 지내셨어요?

장밍밍 : 네. 진호 씨도 잘 지내셨어요? 그런데 무슨 일이세요?

박진호 : 오늘 점심에 바쁘세요? 같이 점심을 먹을까요?

장밍밍 : 오늘은 제가 수업이 2) _______________

박진호 : 그럼 내일 점심은 어떠세요?

장밍밍 : 내일은 3) _______________

　　　　 주말에는 시간이 있는데 토요일은 어떠세요?

박진호 : 토요일에는 제가 고향에 4) _______________

　　　　 그럼 일요일 저녁에 만날까요?

장밍밍 : 좋아요. 일요일 저녁에 만나요.

6 '-으러/러'를 사용해서 두 문장을 한 문장으로 만드십시오.
用'-으러/러'将两个句子改写成一个句子。

[보기] 산책합니다. 공원에 갑니다. → 산책하러 공원에 갑니다.

(1) 책을 빌립니다. 도서관에 갑니다.

　　 →

(2) 돈을 찾습니다. 은행에 갈 거예요.

　　 →

(3) 영어를 배웁니다. 학원에 다녀요.

　　 →

(4) 친구를 만납니다. 한국에 왔어요.

　　 →

7 '–으러/러'를 사용해서 대화를 완성하십시오. 用 '–으러/러' 完成对话。

> 보기 가 : 왜 커피숍에 가요?
>   나 : <u>친구를 만나러 커피숍에 가요.</u>

(1) 가 : 주말에 뭐 할 거예요?
    나 : ＿＿＿＿＿＿＿＿＿＿＿＿＿＿＿

(2) 가 : 왜 백화점에 갔어요?
    나 : ＿＿＿＿＿＿＿＿＿＿＿＿＿＿＿

(3) 가 : 무슨 일로 오셨어요?
    나 : ＿＿＿＿＿＿＿＿＿＿＿＿＿＿＿

(4) 가 : 한국어를 배우러 한국에 오셨어요?
    나 : 아니요, ＿＿＿＿＿＿＿＿＿＿＿＿＿

8 맞는 것을 고르십시오. 选择正确答案。

> 보기 친구(에게, 께) 선물을 (주었습니다, 드렸습니다)

(1) 할머니와 어머니(에게, 께) 전화를 (걸었어요, 드렸어요)

(2) 여자 친구가 저(에게, 께) 휴대전화를 선물로 (주었어요, 드렸어요)

(3) 동생(에게, 께) 영어책과 사전을 (줄 거예요, 드릴 거예요)

(4) 박 선생님은 저(에게, 께) 한국말을 가르쳐 (줍니다, 드립니다)

9 **'에게/께'와 '주다/드리다'를 사용해서 빈 칸을 채우십시오.**
用 '에게/께'、'주다/드리다' 填空。

> 　저는 중국에서 온 쉬리리입니다. 한국말을 공부하러 한국에 왔어요. 1년 동안 한국어를 공부하고 다음 주에 고향에 돌아갑니다. 어제 백화점에 가서 가족 [보기] 에게 줄 선물을 샀어요. 아버지1) ___________ 따뜻한 모자를 2) ___________을/ㄹ 거예요. 어머니3) ___________ 화장품을 4) ___________을/ㄹ 거예요. 동생 5) ___________ 가방과 사탕을 6) ___________겠습니다. 오늘 고향에 계신 부모님 7) ___________ 전화를 8) ___________었어요/았어요/였어요. 빨리 고향에 돌아가고 싶어요.

10 **'–어야/아야/여야 하다'를 사용해서 문장을 완성하십시오.**
用 '–어야/아야/여야 하다' 完成句子。

> [보기] 도서관에서는 <u>조용히 해야 해요</u>. (조용히 하다)

(1) 노란 색 좌석은 노약자에게 ___________어야/아야/여야 해요. (양보하다)

(2) 극장에서는 ___________어야/아야/여야 해요. (휴대전화를 끄다)

(3) 한국에서는 윗사람에게 ___________어야/아야/여야 해요. (존댓말을 쓰다)

(4) 좋은 성적을 받고 싶으면 ___________어야/아야/여야 해요.
　　(날마다 예습과 복습을 하다)

11 '–어야/아야/여야 하다'를 사용해서 대화를 완성하십시오.

用 '–어야/아야/여야 하다' 完成对话。

> **보기** 가 : 식당에서 담배를 피울 수 있어요?
>
> 나 : 아니요, 밖에서 담배를 피워야 해요.

(1) 가 : 드라이브하러 갈까요?

　　나 : 아니요, 다음 주에 시험이 있어서 _______________

(2) 가 : 약속이 없으면 같이 저녁을 먹읍시다.

　　나 : 미안하지만, _______________

(3) 가 : 학생증을 만들고 싶은데요. 몇 시까지 갈까요?

　　나 : _______________

(4) 가 : 해외여행을 갈 때 무엇이 필요해요?

　　나 : _______________

12 다음 단어의 의미를 쓰십시오. 写出下面词语的意思。

	중국어	한국어
보기	可能	아마
1	回来	
2	会议	
3	陪同	
4	转达	
5	开电话	
6	关电话	
7	挂错电话	
8	正在通话中	

9	留言	
10	垃圾短信	
11	收信箱	
12	发信箱	
13	电池	
14	震动	
15	急	
16	换	
17	汉江	
18	游船	
19	夜景	
20	助教	
21	菜单	
22	取消	
23	未接	
24	发电人	
25	视频通话	
26	闹铃	
27	限制	
28	突然	
29	出事	
30	遵守	

11 다음 문장을 번역하십시오. 翻译下面句子。

> **보기** 什么时候回来? → 언제쯤 돌아오세요?

(1) 喂，请问金老师在吗？ →

(2) 我会转告给金老师的。 →

(3) 去开会了，可能下午能回来。 →

(4) 明天我的父母从中国来，我得去机场接他们。 →

补充生词

연휴 连休　　이상하다 奇怪　　계속 继续　　전화기 电话　　가지다 有　　모자 帽子　　좌석 坐席　　노약자 老弱病残
윗사람 长者　　존댓말 敬语　　쓰다 用　　성적 成绩　　예습 预习　　드라이브하다 兜风　　학생증 学生证
해외여행 海外旅行　　필요하다 必要

제 **19** 과

감기에 걸렸어요?

▶ **다음을 보고 쓰십시오.** 练习写句子。

진호 씨, 늦어서 미안해요

. 콜록콜록

아니에요. 그런데 감기에

걸렸어요?

그런 것 같아요. 이제부터

머리도 아프고 기침도

나요.

병원에 갔어요?

어제는 할 일이 많아서

병원에 못 갔어요.

더 심해지기 전에 빨리

병원에 가 보세요.

네, 오늘은 꼭 가려고 해

요.

감기에 걸렸을 때는 생강

차가 좋으니까 자주 드세

요.

1 **알맞은 단어를 쓰십시오.** 选词填空。

아프다   기침이 나다   감기에 걸리다   머리   심하다

보기 어제 비를 맞아서 <u>감기에 걸렸어요</u>.

(1) 많이 걸어서 다리가 ___________어요/아요/여요.

(2) ___________어서/아서/여서 목감기 약을 먹었어요.

(3) 저는 ___________이/가 커서 큰 모자를 사요.

(4) 증상이 더 ___________어지면/아지면/여지면 다시 병원에 오십시오.

2 **그림을 보고 쓰십시오.** 看图写颜色。

(1)

(2)

(3)

(4) 

(5)

(6)

3 '–어지다/아지다/여지다'를 사용해서 문장을 만드십시오.

用 '–어지다/아지다/여지다' 完成句子。

보기　청소를 해서 방이 <u>깨끗해졌어요</u>. (깨끗하다)

(1) 비가 많이 와서 _________________. (습하다)

(2) 그 가수가 요즘 인기가 _________________. (많다)

(3) 여름이 가고 가을이 와서 날씨가 _________________. (시원하다)

(4) 열심히 연습해서 발음이 _________________. (좋다)

4 '**-어지다/아지다/여지다**'를 사용해서 대화를 완성하십시오.
用 '-어지다/아지다/여지다' 完成对话。

> 보기 가 : 요즘 몸은 어떠세요?
> 나 : 매일 운동을 해서 <u>튼튼해졌어요</u>.

(1) 가 : 요즘도 바쁘세요?
　　나 : 아니요, 방학이어서 ＿＿＿＿＿＿＿＿＿.

(2) 가 : 건강이 어떠세요?
　　나 : 최근에 담배를 끊어서 건강이 ＿＿＿＿＿＿＿＿＿.

(3) 가 : 도서관에 사람이 많아요?
　　나 : 네, 요즘 시험시간이어서 도서관에 사람이 ＿＿＿＿＿＿＿＿＿.

(4) 가 : 어디 아프세요?
　　나 : 요즘 과로해서 건강이 ＿＿＿＿＿＿＿＿＿.

5 '**-기 전에**'를 사용해서 두 문장을 한 문장으로 만드십시오.
用 '-기 전에' 将两个句子改写成一个句子。

> 보기 여행을 갑니다. 기차표를 사요. → <u>여행을 가기 전에 기차표를 사요.</u>

(1) 영화를 봅니다. 저녁을 먹을 거예요.
　　→

(2) 버스를 탑니다. 버스 번호를 확인하세요.
　　→

(3) 잠을 잡니다. 이를 닦아요.
　　→

(4) 중국에 돌아갑니다. 가족에게 줄 선물을 사야 해요.
　　→

6 '–기 전에'를 사용해서 문장을 완성하십시오. 用 '–기 전에' 完成句子。

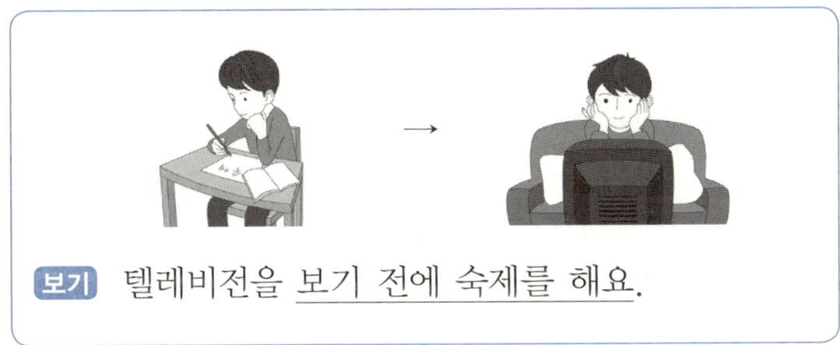

보기　텔레비전을 보기 전에 숙제를 해요.

(1)

수업을 ＿＿＿＿＿＿＿＿＿＿＿＿＿＿＿＿＿＿＿어요/아요/여요.

(2)

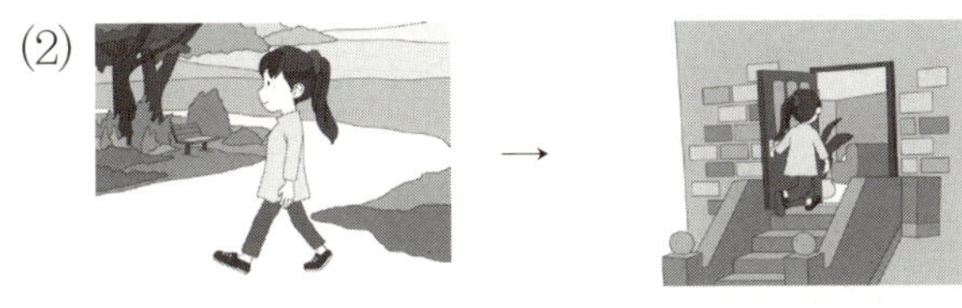

집에 ＿＿＿＿＿＿＿＿＿＿＿＿＿＿＿＿＿＿＿었어요/았어요/였어요.

(3)

한국에 ＿＿＿＿＿＿＿＿＿＿＿＿＿＿＿＿＿＿었어요/았어요/였어요.

(4)

에어컨을 ＿＿＿＿＿＿＿＿＿＿＿＿＿＿＿＿＿＿어야/아야/여야 해요.

19

7 **'–으려고/려고 하다'를 사용해서 문장을 만드십시오.**

用 '–으려고/려고 하다' 完成句子。

> **보기** 몸이 아파서 <u>병원에 가려고 해요</u>. (병원에 가다)

(1) 뚱뚱해져서 _________________. (다이어트를 하다)

(2) 피곤해서 _________________. (일찍 쉬다)

(3) 길을 잘 몰라서 _________________. (택시를 타다)

(4) 돈이 없어서 _________________. (아르바이트를 하다)

8 **'–으려고/려고 하다'를 사용해서 대화를 완성하십시오.**

用 '–으려고/려고 하다' 完成对话。

> **보기** 가 : 방학에 뭘 할 거예요?
> 나 : <u>태권도를 배우려고 해요</u>.

(1) 가 : 수업이 끝나고 무엇을 할 거예요?
　　나 : _________________________________

(2) 가 : 주말에 뭘 할 거예요?
　　나 : _________________________________

(3) 가 : 졸업하고 뭘 할 거예요?
　　나 : _________________________________

(4) 가 : 저녁에 뭘 먹을 거예요?

　　나 : _______________________________

9 **다음 단어의 의미를 쓰십시오.** 写出下面词语的意思。

	중국어	한국어
보기	咔鸣咔鸣	콜록콜록
1	感冒	
2	头	
3	疼	
4	咳嗽	
5	严重	
6	生姜茶	
7	头痛	
8	咳嗽	
9	发烧	
10	流鼻涕	
11	鼻子堵塞	
12	咽喉痛	
13	上风感冒	
14	甲型流感 / 感冒咳嗽	
15	嗓子发炎 / 感冒嗓子痛	
16	感冒鼻塞 / 流鼻涕	
17	苗条，细条	
18	脸	
19	眼睛	

20	疲惫，疲倦
21	凉，凉飕飕的
22	夜晚
23	药
24	发抖，颤抖
25	制药
26	综合感冒药
27	胶囊
28	头痛
29	发烧
30	痰
31	咽喉痛
32	喷嚏
33	恶寒
34	片
35	症状
36	型
37	患者，病人
38	身体
39	检查
40	卡片
41	满
42	体重
43	肾脏
44	视力
45	左

46	右	
47	血液	

10 다음 문장을 번역하십시오. 翻译下面句子。

> **보기** 你感冒了吗? → 감기에 걸렸어요?

(1) 趁现在还不严重，快点儿去医院看看吧。

　　→

(2) 从昨天开始又头痛又咳嗽。

　　→

(3) 感冒的时候，多喝点儿生姜茶挺好的。

　　→

(4) 昨天有点儿忙，没能去医院。

　　→

补充生词

가을 秋天　　연습하다 练习　　발음 发音　　몸 身体　　과로하다 过劳　　다이어트 减肥

제20과

배탈이 난 것 같은데 약 좀 주세요.

▶ **다음을 보고 쓰십시오.** 练习写句子。

배탈이 난 것 같은데 약

좀 주세요.

증세가 어떠세요?

소화도 안 되고 배에서

소리도 나요.

설사를 하거나 토하지 않

아요?

네, 그렇지는 않아요.

오늘은 소화제만 드리겠습

니다. 증세가 심해지면 병
원에 가 보세요.
네, 약은 어떻게 먹어야
돼요?
식사를 한 후에 두 알씩
드세요.

1 **알맞은 단어를 쓰십시오.** 选词填空。

| 토하다 | 배탈 | 소화제 | 증세 | 알 |

보기 식사를 하신 후에 약을 <u>세 알</u>씩 드세요.

(1) 약사에게 약사에게 __________을/를 말하고 약을 사세요.

(2) 찬 음식을 많이 먹으면 __________습니다/ㅂ니다.

(3) 며칠 전부터 소화가 안 돼서 약국에서 __________을/를 샀어요.

(4) 지난주에 식중독에 걸려서 여러 번 __________었어요/았어요/였어요.

2 **〈보기〉와 같이 연결하십시오.** 依照例句连线。

보기 감기에 걸렸어요. •   • 두통약

(1) 머리가 많이 아파요. •   • 감기약

(2) 밤에 잠이 오지 않아요. •   • 소독약

(3) 넘어져서 다리에서 피가 나요. •   • 수면제

(4) 소화도 안 되고 배에서 소리도 나요. • • 소화제

3 **맞는 것을 고르십시오.** 选择正确答案。

보기 점심시간인데 같이 식당에 (갈까요?, 갔어요)

(1) 모두 왔는데 빨리 (출발합시다, 출발합니다)

(2) 교통이 복잡한데 지하철을 (탈까요? 탈게요)

(3) 잘 어울릴 것 같은데 한번 (입어 봤어요, 입어 보세요)

(4) 어제 눈이 많이 왔는데 조심해서 (운전하세요, 운전합니다)

4 '–는데/은데/ㄴ데'를 사용해서 문장을 만드십시오. 用 '–는데/은데/ㄴ데' 完成句子。

> **보기** 밥이 너무 많습니다. 좀 덜어 주세요.
> → 밥이 너무 많은데 좀 덜어 주세요.

(1) 신발이 싸고 좋습니다. 한 켤레 살까요?

→

(2) 사전을 안 가지고 왔습니다. 빌려 주세요.

→

(3) 지금은 시간이 없습니다. 오후에 연락합시다.

→

(4) 제가 만든 음식입니다. 한번 드셔 보세요.

→

5 '–거나'를 사용해서 두 문장을 한 문장으로 만드십시오.
用 '–거나' 將兩个句子改写成一个句子。

> **보기** 주말에는 영화를 봅니다. 책을 읽습니다.
> → 주말에는 영화를 보거나 책을 읽습니다.

(1) 기침을 합니까? 콧물이 납니까?

→

(2) 시간이 있으면 친구를 만납니다. 쇼핑을 합니다.

→

(3) 친구들과 함께 술을 마십니다. 노래방에 갑니다.

→

(4) 일이 생기면 전화를 하세요. 이메일을 보내세요.

→

6 알맞은 것을 골라 '–거나'를 사용해서 대화를 완성하십시오.
选词用 '–거나' 完成对话。

커피숍에서 이야기하다	쇼핑을 하다	도서관에서 공부하다
친구들과 농구를 하다	해외여행을 가다	아르바이트를 하다
한국 친구들을 만나다	집에서 숙제를 하다	고향에 돌아가다

박진호 : 밍밍 씨는 주말에 뭘 하세요?

장밍밍 : 저는 보기 한국 친구들을 만나거나 집에서 숙제를 해요.

박진호 : 한국 친구들을 만나면 뭘 하세요?

장밍밍 : 1) ___________거나 ___________어요/아요/여요. 진호 씨는 주말에 뭘 하세요?

박진호 : 저는 2) ___________거나 ___________어요/아요/여요.

장밍밍 : 그래요? 그런데 여름 방학 계획은 세웠어요?

박진호 : 네, 3) ___________거나 ___________으려고/려고 해요. 밍밍 씨는요?

장밍밍 : 저는 4) ___________거나 ___________으려고/려로 해요.

7 '–은/ㄴ 후에'를 사용해서 문장을 만드십시오. 用 '–은/ㄴ 후에' 造句。

보기 잠을 자기 전에 책을 읽습니다.
→ 책을 읽은 후에 잠을 잡니다.

(1) 학교에 가기 전에 아침을 먹습니다.
→

(2) 수영을 하기 전에 준비운동을 합니다.
→

(3) 음식을 만들기 전에 손을 씻습니다.
→

(4) 어제 친구를 만나기 전에 숙제를 했습니다.
→

8 다음을 보고 '–은/ㄴ 후에'를 사용해서 문장을 만드십시오.

看下面, 用 '-은/ㄴ 후에' 造句。

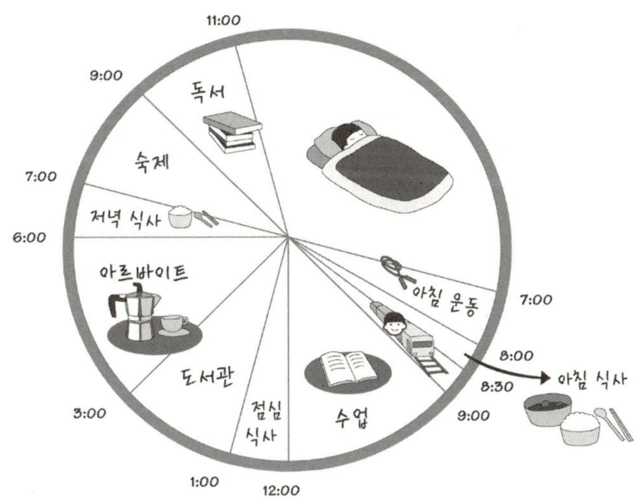

보기 아침 운동을 한 후에 아침 식사를 해요.

(1) ____________은/ㄴ 후에 ________________________________

(2) ____________은/ㄴ 후에 ________________________________

(3) ____________은/ㄴ 후에 ________________________________

(4) ____________은/ㄴ 후에 ________________________________

9 다음 단어의 의미를 쓰십시오. 写出下面词语的意思。

	중국어	한국어
보기	出現異常反応	이상이 생기다
1	闹肚子	
2	药师	
3	症状	

4	肚子	
5	拉肚子	
6	吐	
7	吃饭	
8	粒	
9	消化药	
10	镇痛药	
11	退烧药	
12	营养药	
13	安眠药	
14	眼药	
15	消毒药	
16	感冒药	
17	头痛药	
18	便秘药	
19	绷带	
20	药布	
21	一次性创口贴	
22	清凉油	
23	药膏	
24	维生素	
25	洗澡	
26	功能	
27	效果	
28	疲劳	
29	恢复	

30	供应	
31	用法	
32	用量	
33	未满	
34	成人	
35	接触	
36	保管	
37	服用	
38	中断	
39	商量	
40	多次	
41	门诊表	
42	有规则的	
43	问项	
44	期间	
45	对、合乎	
46	不舒服	
47	现在	
48	状态	
49	自己	

10 다음 문장을 번역하십시오. 翻译下面句子。

> 보기 有什么症状? → 증세가 어떠세요?

(1) 饭后吃两粒。→

(2) 药要怎么吃? →

(3) 如果症状更严重的话，你就去医院看看。→

(4) 好象闹肚子，给我点儿药。→

补充生词

식중독 食物中毒　　덜다 减　　해외여행 海外旅行　　준비운동 预备运动

복습

复习

1 빈 칸을 채우십시오. 填空。

(1)

> 저는 지난 주말에 리리 씨①________ 같이 옷을 사러 남대문 시장②________ 갔
> 습니다.
> 리리 씨는 중국에서 온 유학생인데 지금 한국③________ 한국어④________ 배
> 우고 있습니다.
> 우리는 남대문 시장⑤________ 재미있는 공연도 보고 여기저기를 구경했습니다.
> 리리 씨는 바지⑥________ 티셔츠⑦________ 샀고 저는 치마⑧________ 샀습
> 니다.
> 재미있는 하루였습니다.

(2)

> 오늘은 수업①________ 끝나고 집에 돌아오는 길에 슈퍼마켓②________ 갔습
> 니다.
> 슈퍼마켓에는 여러 가지 과일③________ 많았습니다.
> 사과는 4개④________ 5000원이었고, 귤은 10개⑤________ 3000원이었습니다.
> 바나나는 한 송이⑥________ 2500원이었습니다.
> 저는 사과 4개⑦________ 귤 10개⑧________ 바나나 한 송이⑨________ 샀습
> 니다.

(3)

> 내일은 제 생일입니다.
> 그래서 반 친구 몇 명①________ 초대해서 저녁②________ 먹고 싶습니다.
> 먼저 희선 씨③________ 전화를 걸었어요.
> "희선 씨, 내일 저녁④________ 저희 집⑤________ 오세요."
> "좋아요. 그런데, 무슨 일이 있어요?"
> "사실 내일이 제 생일이에요."
> "그래요? 축하해요. 제가 명수 씨⑥________ 스미스 씨⑦________ 전화를 할게
> 요."

잠시 후 명수 씨⑧________ 스미스 씨에게서 문자메시지⑨________ 받았어요.

"저 명수예요. 내일 몇 시⑩________ 갈까요? 받고 싶은 선물⑪________ 있어요?"

"스미스입니다. 미안해요. 내일 다른 약속이 있어서 갈 수 없어요."

2 〈보기〉와 같이 제시된 단어를 사용해서 문장을 만드십시오. 依照例句完成句子。

> **보기** 사거리 저기 오른쪽 가다 → 저기 사거리에서 오른쪽으로 가세요.

(1) 많다 가족 참 좋다 →

(2) 무역 회사 저 지금 일하다 →

(3) 영화 어제 만나다 친구 보다 →

(4) 오후 김 교수님 돌아오다 아마 →

3 빈 칸을 채우십시오. 填空。

(1)

문형 \ 'ㄷ'용언	-습니다/ㅂ니다	-고	-어요/아요/여요	-었어요/았어요/였어요	-으세요/세요	-을까요?/ㄹ까요?	-으니까/니까
걷다	걷습니다						
듣다		듣고					
묻다			물어요				
싣다				실었어요			
받다						받을까요?	
닫다			닫아요				
믿다							믿으니까

(2)

'르'용언 \ 문형	−습니다/ㅂ니다	−고	−어요/아요/여요	−었어요/았어요/였어요	−으세요/세요	−을까요?/ㄹ까요?	−어서/아서/여서
고르다	고릅니다						
빠르다		빠르고					
부르다					부르세요		
다르다						다를까요?	
모르다		모르고					

(3)

'ㅎ'용언 \ 문형	−습니다/ㅂ니다	−고	−어요/아요/여요	−었어요/았어요/였어요	−은/ㄴ	−어서/아서/여서	−으면/면
빨갛다	빨갛습니다						
노랗다		노랗고					
파랗다			파래요?				
하얗다					하얀		
이렇다							이러면
저렇다				저랬어요?			
그렇다						그래서	
어떻다					어떤		
좋다				좋아요?			

4 〈보기〉와 같이 맞는 것을 고르십시오. 依照例句选择正确答案。

> **보기** 집에서 학교까지____________ 얼마나 걸려요?
> ✓① 걸어서   ② 골라서   ③ 받아서   ④ 알아서

(1) 제 이야기를 한번 ____________어/아/여 보세요.
　① 닫아　　　　　② 들어　　　　　③ 걸어　　　　　④ 받아

(2) 잘 듣고 맞는 답을 ____________어서/아서/여서 쓰십시오.
　① 골라서　　　　② 달라서　　　　③ 눌러서　　　　④ 불러서

(3) 제주도는 맑은 공기와 ____________은/ㄴ 바다가 유명합니다
　① 빨간　　　　　② 노란　　　　　③ 하얀　　　　　④ 파란

(4) ____________으니까/니까 문을 닫아주세요.
　① 아름다우니까　② 시끄러우니까　③ 어려우니까　　④ 귀여우니까

5 〈보기〉에서 알맞은 문형을 골라 두 문장을 한 문장으로 만드십시오.
型用下面语法将两个句子改写成一个句子。

> −어서/아서/여서　　−으니까/니까　　−으면/면　　−는데/은데/ㄴ데　　−으러/러

> **보기** 저는 빨간 색을 좋아합니다. 희선 씨는 무슨 색을 좋아합니까?
> 　→ 저는 빨간 색을 <u>좋아하는데</u> 희선 씨는 무슨 색을 좋아합니까?

(1) 교통이 복잡합니다. 지하철을 탑시다.
　→

(2) 전자사전을 삽니다. 용산전자상가에 갈 거예요.
　→

(3) 시험이 끝납니다. 뭘 하고 싶어요?
　→

(4) 요즘 회사일이 바쁩니다. 친구를 못 만나요.

　　→

6 **맞는 것을 고르십시오.** 选择正确答案。

> 보기　샌드위치를 만들고 친구에게 주었어요. (　　)
> 　　　샌드위치를 만들어서 친구에게 주었어요. (✓)

(1) ① 수업 중이니까 조용히 하십시오.　　　　　　(　　)
　　② 수업 중이어서 조용히 하십시오.　　　　　　(　　)

(2) ① 할머니에게 선물을 드렸습니다.　　　　　　(　　)
　　② 할머니께 선물을 드렸습니다.　　　　　　(　　)

(3) ① 육교를 건너고 똑바로 가세요.　　　　　　(　　)
　　② 육교를 건너서 똑바로 가세요.　　　　　　(　　)

(4) ① 베이징부터 인천까지 1시간 40분쯤 걸려요.　(　　)
　　② 베이징에서 인천까지 1시간 40분쯤 걸려요.　(　　)

7 **〈보기〉와 같이 맞는 것을 고르십시오.** 依照例句选择正确答案。

> 보기　가 : 내일 날씨가 어떨까요?
> 　　　나 : 비가 ＿＿＿＿＿＿＿＿＿＿.
> ① 와 주세요　② 올 것 같아요　③ 오지 못해요　④ 오고 있어요

(1) 가 : 지금 뭐 하세요?
　　나 : 음식을 ＿＿＿＿＿＿＿＿＿＿.
　　① 만들고 있어요　② 만드는군요　③ 만들어 보세요　④ 만들 것 같아요

(2) 가 : 창문을 닫을까요?

　　 나 : 아니요, _________________ 닫지 마세요.

　　 ① 더워서　　　　　② 덥거나　　　　③ 더우니까　　　　④ 더우면

(3) 가 : 희선 씨, 아르바이트가 끝나고 같이 영화를 볼까요?

　　 나 : 저는 약속이 _________________.

　　 ① 있을 거예요　　② 있어야 해요　③ 있군요　　　　④ 있는데요

(4) 가 : 이번 주말에 뭘 할 거예요?

　　 나 : 부모님과 함께 외할머니 댁에 _________________.

　　 ① 가고 있어요　　② 가 주세요　　③ 가지 못해요　　④ 가려고 해요

8 **다음 단어의 의미를 쓰십시오.** 写出下面词语的意思。

	중국어	한국어
보기	带	가지다
1	健康	
2	决定	
3	风景	
4	空气	
5	但是	
6	"家"的敬语	
7	弟弟，妹妹	
8	伦敦	
9	害怕	
10	水	
11	方向	
12	白雪公主	

13	次	
14	复杂	
15	羡慕	
16	唱	
17	生活	
18	洗衣机	
19	手	
20	工具，方法	
21	首都	
22	乡村	
23	美丽	
24	总是	
25	护照	
26	外语	
27	熟悉	
28	入学	
29	玫瑰花	
30	定	
31	主人	
32	需要	
33	学期	

9 **다음 문장을 번역하십시오.** 翻译下面句子。

> [보기] 因为找不到入口，徘徊了一会儿。→ 입구를 찾지 못해서 좀 헤맸어요.

(1) 喂，麻烦您找一下金老师。→

(2) 每星期六都去图书馆学习。→

(3) 哥哥是公司职员，现已结婚单过了。→

(4) 苹果4个3000元，香蕉一串2500元。→

补充生词

남대문 시장 南大门市场　　유학생 留学生　　여기저기 到处　　사실 其实　　잠시 후 稍后　　싣다 裝　　믿다 信
빠르다 快　　노랗다 黃　　파랗다 蓝　　하얗다 白　　이렇다 这样　　저렇다 那样　　답 答案　　전자사전 电子词典
용산전자상가 龙山电子商城

답안

答案

11과

1
1) 인기가
2) 디자인은
3) 잠깐
4) 얼마예요

2
1) 정장
2) 원피스
3) 블라우스
4) 바지
5) 티셔츠
6) 화장품
7) 악세서리
8) 구두

3
1) 도와 주세요.
2) 가르쳐 주세요.
3) 말해 주세요.
4) 설명해 주세요.

4
1) 휴대폰을 꺼 주세요.
2) 사 주세요.
3) 닫아 주세요.
4) 돈을 좀 빌려주세요.

5
1) 희선 씨가 지금 저녁을 먹는 것 같습니다.
2) 진호 씨가 요즘 열심히 공부하는 것 같습니다.
3) 민수 씨와 밍밍 씨는 자주 만나는 것 같습니다.
4) 마리꼬 씨가 자주 카페에서 숙제를 하는 것 같습니다.

6
1) 밍밍 씨가 고향에서 돌아온 것 같습니다.
2) 민수 씨 동생이 작년에 대학교에 입학한 것 같습니다.
3) 마리꼬 씨가 벌써 밥을 먹은 것 같습니다.
4) 마이클 씨가 어제 술을 많이 마신 것 같습니다.

7
1) 방학에 밍밍 씨가 여행을 갈 것 같습니다.
2) 마리꼬 씨가 장미꽃을 좋아할 것 같습니다.
3) 마이클 씨는 방학에 제주도로 여행을 갈 것 같습니다.
4) 학생 식당은 주말에는 영업하지 않을 것 같습니다.
5) 따뜻해서 맛있을 것 같습니다.

6) 이 시계는 수입품이어서 비쌀 것 같습니다.
7) 진호 씨는 재미있어서 인기가 많을 것 같습니다.
8) 희선 씨는 아침을 안 먹어서 배가 많이 고플 것 같습니다.

8
1) 진호 씨는 배가 많이 고픈 것 같습니다.
2) 밍밍 씨가 요즘 바쁘지 않은 것 같습니다.
3) 요즘 한국 음식이 인기가 있는 것 같습니다.
4) 지금 마이클 씨 지갑에 돈이 없는 것 같습니다.

9
1) 미희 씨는 의사인 것 같습니다.
2) 내일부터 휴가인 것 같습니다.
3) 밍밍 씨 화장품인 것 같습니다.
4) 이것은 한국 음식인 것 같습니다.

10
1) 배가 부른 것 같아요.
2) 아플 것 같아요.
3) 기분이 안 좋은 것 같아요.
4) 학생인 것 같아요.

11
1) 장학금을 받아서 친구들에게 한턱냈어요.
2) 진호 씨는 성격이 좋아서 친구가 많습니다.
3) 밖이 시끄러워서 창문을 닫습니다.
4) 점심에 밥을 많이 먹어서 지금 배가 고프지 않아요.

12
1) 아침에 할 일이 있어서 일찍 출근했어요.
2) 오늘 날씨가 많이 추워서 안 입었어요.
3) 몸이 아파서 학교에 못 왔어요.
4) 얼굴이 잘 생겨서 인기가 많은 것 같아요.

13

1	교실	2	드라마
3	드시다	4	시끄럽다
5	한번	6	더
7	디자인	8	만
9	보이다	10	비싸다
11	빨갛다	12	사이즈
13	색	14	손님
15	신상품	16	얼마
17	예쁘다	18	원
19	인기가 많다	20	입다

21	잠깐	22	저희
23	좀(조금)	24	코트
25	가격	26	겨울
27	고객	28	고르다
29	교환	30	그때
31	남성복	32	닫다
33	되다	34	또
35	문	36	벌
37	봄	38	세일
39	신다	40	여러분
41	여름	42	여성복
43	영업하다	44	잡화
45	그림	46	제외
47	찾다	48	최고
49	치수	50	코너
51	퍼센트(%)	52	할인
53	환불	54	갈색
55	검정색	56	구두
57	까만색	58	노란색
59	바지	60	보라색
61	분홍색	62	블라우스
63	액세서리	64	양복
65	원피스	66	정장
67	주황색	68	청바지
69	초록색	70	치마
71	티셔츠	72	파란색
73	하얀색	74	화장품
75	흰색		

14 1) 조금 작을 것 같아요.
　　2) 신상품이어서 좀 비싸요.
　　3) 좀 더 큰 건 없어요?
　　4) 저기에 있는 빨간색 코트 좀 보여 주세요.

12과

1 1) 배는
　　2) 너무
　　3) 얼마나
　　4) 깎아

2 1) 상추
　　2) 수박
　　3) 상자
　　4) 딸기
　　5) 양파
　　6) 귤
　　7) 파
　　8) 참외
　　9) 깻잎
　　10) 무
　　11) 배추

3 1) ① 사과는 다섯 개에 삼 천원입니다.
　　　② 귤은 열 개에 이 천원입니다.
　　　③ 바나나는 한 송이에 이 천 오 백원입니다.
　　2) ① 파는 한 단에 천 오 백원입니다.
　　　② 무는 한 개에 천 원입니다.
　　　③ 깻잎은 한 봉지에 팔 백원입니다.
　　3) ① 맥주는 한 병에 삼 천원입니다.
　　　② 계란은 한 개에 육 백원입니다.
　　　③ 콜라는 한 캔에 칠 백원입니다.
　　4) ① 공책은 한 권에 구 백원입니다.
　　　② 수첩은 한 개에 천 백원입니다.
　　　③ 지우개는 한 개에 사 백원입니다.

4 1) 2층으로 올라가면 오른쪽에 화장실이 있습니다.
　　2) 피곤하면 빨리 주무십시오.
　　3) 아침에 시간이 없으면 밥을 안 먹습니다.
　　4) 국이 싱거우면 소금을 넣으세요.

5 1) 춥고 머리가 아프면 병원에 가세요.
　　2) 밖이 시끄러우면 창문을 닫으세요.
　　3) 모르는 단어가 많으면 사전을 찾아보세요.
　　4) 너무 비싸면 사지 마세요.

6 1) 오늘은 바쁘니까 내일 오십시오.
　　2) 중요하니까 꼭 기억하십시오.
　　3) 길이 막히니까 지하철을 탑시다.
　　4) 백화점은 비싸니까 시장에서 삽시다.

7 1) 지금 출근 시간이니까
　　2) 오늘은 다른 약속이 있으니까
　　3) 수업중이니까
　　4) 모두 왔으니까

8

1	아르바이트비	2	창문
3	축구	4	한턱내다
5	깎다	6	너무
7	배	8	얼마나
9	곶감	10	교과서
11	구입하다	12	권
13	규격	14	그램
15	파	16	단골
17	레몬	18	바라다
19	상자(박스)	20	복숭아
21	빙수	22	상큼하다
23	생과일주스	24	아이스크림
25	아이스티	26	알리다
27	우유	28	원산지
29	음료	30	이상
31	인기상품	32	잡지
33	전품목	34	제주도
35	채소	36	키위
37	토마토	38	팥
39	한라봉	40	합계
41	핫초코	42	감
43	귤	44	깻잎
45	단	46	딸기
47	무	48	바나나
49	배추	50	봉지
51	상사	52	상추
53	송이	54	수박
55	양파	56	참외

9
1) 좋은 것으로 골라 주세요.
2) 많이 사니까 깎아 주세요.
3) 사과하고 배 얼마예요?
4) 많이 사면 깎아 드릴게요.

13과

1
1) 어치
2) 직접
3) 기다렸습니다.
4) 이용할

2
1) 비행기
2) 배
3) 지하철
4) 자전거
5) 택시
6) 공항
7) 정류장
5) 역

3
1) 읽을 수 있습니다.
2) 입을 수 있습니다.
3) 일본말을 할 수 있습니다.
4) 한국 음식을 만들 수 있습니다.

4
1) 갈 수 없습니다.
2) 쉴 수 없습니다.
3) 먹을 수 없습니다.
4) 약속을 지킬 수 없습니다.

5
1) 네, 한국 노래를 부를 수 있어요.
　아니요, 한국 노래를 부를 수 없어요.
2) 네, 스케이트를 탈 수 있어요.
　아니요, 스케이트를 탈 수 없어요.
3) 네, 불고기를 만들 수 있어요.
　아니요, 불고기를 만들 수 없어요.
4) 네, 도와 줄 수 있어요.
　아니요, 도와 줄 수 없어요.

6
1) 신어 보세요.
2) 드셔 보세요.
3) 읽어 보세요.
4) 가 보세요.

7
1) 가 보세요.
2) 수영을 해 보세요.
3) 등산을 해 보세요.
4) 드셔 보세요.

8
1) 나
2) 이나
3) 이나
4) 이나

9
1) 서울역이나 명동에서 만납시다.
2) 2시나 3시에 전화하세요.
3) 시계나 가방을 받고 싶어요.

4) 지하철이나 버스를 타고 가요.

10

1	직접	2	교통카드
3	충전하다	4	충전기
5	이용하다	6	기다리다
7	매표소	8	공항
9	정류장	10	역
11	버스	12	지하철
13	비행기	14	배
15	기차	16	자전거
17	택시	18	자동차
19	고속버스	20	마을버스
21	타다	22	내리다
23	갈아타다	24	미리
25	벨	26	누르다
27	승강장	28	조심하다
29	사진	30	찍다
31	읽다	32	다리
33	다치다	34	열차
35	호선	36	현금
37	신용카드	38	잃어버리다
39	확인하다	40	문의하다
41	대다	42	혜택
43	주차장	44	출구
45	대형	46	소형

11 1) 실례지만 여기서 교통카드를 충전할 수 있어요?
    2) 지하철 매표소나 편의점에 있어요.
    3) 교통카드 충전기는 어디에 있어요?
    4) 5000원 어치만 충전해 주세요.

14과

1 1) 우회전
    2) 똑바로
    3) 걸려요?
    4) 건너면

2 1) 왼손
    2) 사거리
    3) 횡단보도
    4) 육교
    5) 골목
    6) 내려가다
    7) 나오다
    8) 들어가다
    9) 나가다
    10) 돌아가다

3 1) 에서, 까지
    2) 에서, 까지
    3) 베이징에서 상하이까지 얼마나 걸려요?
    4) 인천에서 베이징까지 얼마나 걸려요?

4 1) 저는 영화를 자주 보는데 민철 씨는 취미가 뭐예요?
    2) 지금 백화점에 가는데 같이 가시겠어요?
    3) 티셔츠가 작은데 좀 큰 건 없어요?
    4) 비빔냉면은 매운데 먹을 수 있어요?

5 1) 저는 불고기를 좋아하는데
    2) 오후에 서점에 가는데
    3) 저는 한국 친구가 많은데
    4) 내일이 희선 씨 생일인데

6 1) 제 시간에 도착할 거예요.
    2) 복잡할 거예요.
    3) 시험을 잘 볼 거예요.
    4) 한국 음식을 좋아할 거예요.

7 1) 많이 걸릴 거예요.
    2) 기뻐할 거예요.
    3) 볼 수 있을 거예요.
    4) 수업이 있으니까 학교에 있을 거예요.

8 1) 아침마다 빵집에 가서 샌드위치를 삽니다.
    2) 오후에 편지를 써서 부모님께 보냈어요.
    3) 가방을 사서 친구에게 선물했어요.
    4) 주말마다 일찍 일어나서 운동을 합니다.

9 1) 가서 친구를 만납니다.
    2) 만나서 수영을 합니다.
    3) 가서 채소를 삽니다.
    4) 만들어서 가족들과 먹습니다.

10

1	입구	2	멀다
3	걷다	4	걸리다
5	쯤	6	길
7	가르치다	8	사거리
9	놀이공원	10	똑바로, 쭉
11	신호등	12	어떻게
13	횡단보도	14	육교
15	지하도	16	골목
17	건너편	18	오른쪽
19	왼쪽	20	우회전
21	좌회전	22	돌아가다
23	내려가다	24	올라가다
25	나가다	26	나오다
27	들어가다	28	소설책
29	빌리다	30	안내도
31	소방서	32	노선도

11 1) 걸어서 가면 얼마나 걸려요?
2) 20분쯤 걸릴 거예요.
3) 우회전해서 똑바로 가면 횡단보도가 있어요.
4) 여기서 조금 먼데 걸어서 가실 거예요?

15과

1 1) 무역 회사
2) 말씀을
3) 방금
4) 힘들어요.

2 1) 선생님
2) 의사
3) 경찰
4) 은행원
5) 변호사

3 1) 한국어를 안 배워서 한글을 읽지 못해요/못 읽어요.
2) 텔레비전이 고장이 나서 보지 못해요/못 봐요.
3) 다리를 다쳐서 자전거를 타지 못해요/못 타요.
4) 요즘 바빠서 친구를 만나지 못해요/못 만나요.

4 1) 못 먹어요.

2) 못 만나요.
3) 더 못 먹어요.
4) 잘 못 잤어요.

5 1) 장밍밍 씨는 제 친구인데 중국에서 왔어요.
2) 요즘 한국어를 배우는데 좀 어렵습니다.
3) 학교 기숙사는 가까워서 좋은데 좀 시끄러워요.
4) 어제 학교 앞 중국집에 갔는데 주인이 친절하고 음식 맛도 좋았어요.

6 1) 우리 선생님인데
2) 남대문 시장에 많은데
3) 열심히 공부하는데
4) 비빔밥을 먹었는데

7 1) 프랑스어를 공부하고 있어요.
2) 김밥을 먹고 있어요.
3) 은행에서 일하고 있어요.
4) 친구를 기다리고 있어요.

8

1	늦다	2	인사하다
3	어렵다	4	헤매다
5	듣다	6	방금
7	나중에	8	말씀
9	무역	10	회사
11	중국어	12	유치원
13	초등학교	14	중학교
15	고등학교	16	대학교
17	대학원	18	동창
19	동문	20	선배
21	후배	22	반 친구
23	방 친구	24	회사원
25	은행원	28	경찰
27	외사	28	경찰
29	교사	30	주부
31	신문	32	전화
33	명함	34	연락하다
35	특히	36	월말
37	광고	38	직업
39	신문방송학	40	계시다
41	주소	42	우편번호

43	시	44	구
45	동	46	팩스
47	이메일	48	실장
49	수영	50	강사
51	학력	52	졸업
53	스키	54	취미
55	정보	56	나이
57	성별	58	국적
59	질문	60	외국

9 1) 이쪽은 제 친구 김지훈이에요.
　 2) 죄송합니다. 제가 좀 늦었습니다.
　 3) 제 고등학교 친구인데 지금 무역회사에서 일하
　　 고 있어요.
　 4) 요즘 제가 중국어를 배우고 있는데 나중에 좀
　　 가르쳐 주세요.

16과

1 1) 여동생이
　 2) 싸웠어요.
　 3) 따로
　 4) 외동딸이어서

2 1) 할아버지
　 2) 할머니
　 3) 아버지
　 4) 어머니
　 5) 남동생
　 6) 언니
　 7) 오빠
　 8) 여동생

3 1) 와　 2) 과　 3) 과　 4) 와

4 1) 과　 2) 과　 3) 과　 4) 와

5 1) 피곤하겠어요.
　 2) 책을 많이 읽겠어요.
　 3) 기분이 좋겠어요.
　 4) 날씨가 춥겠어요.

6 1) 여행을 많이 하겠어요.
　 2) 다리가 아프겠어요.
　 3) 맛있겠어요.
　 4) 인기가 많겠어요.

7 1) 공부할 때 음악을 들어요.
　 2) 심심할 때 만화책을 읽어요.
　 3) 쇼핑할 때 기분이 좋아요.
　 4) 여름방학 때 할아버지 댁에 갈 거예요.

8 1) 맛있는 음식을 먹을 때 행복해요.
　 2) 여행 갔을 때 친구들과 사진을 많이 찍었어요.
　 3) 공부할 때 힘들어요.
　 4) 아플 때 부모님이 보고 싶어요.

9

1	형	2	누나
3	여동생	4	외동딸
5	외동아들	6	도와주다
7	어리다	8	싸우다
9	결혼하다	10	모이다
11	따로	12	참
13	할아버지	14	할머니
15	외할아버지	16	외할머니
17	아버지	18	어머니
19	큰 아버지	20	큰 어머니
21	고모	22	고모부
23	삼촌	24	이모
25	이모부	26	유럽
27	여행	28	입원하다
29	장학금	30	기분
31	자기	32	소개하다
33	각자	34	가족
35	관광지	36	생신
37	인삼차	38	증권회사
39	가훈	40	평소
41	요리 솜씨	42	화가 나다
43	무섭다	44	유학
45	꼭	46	꿈
47	음악	48	감상
49	독서	50	행사
51	모임	52	교류
53	활동	54	신청서
55	성명	56	한글

57	영문	58	생년월일
59	종교	60	관계

10 1) 형과 누나, 그리고 여동생이 있어요.
2) 저는 외동딸이에요.
3) 가족들이 모두 모이면 참 재미있겠어요.
4) 어려운 일이 있을 때 서로 도와주니까 좋아요.

17과

1 1) 여보세요.
2) 그동안
3) 가능한
4) 알면

2 1) 전화를 끊다
2) 전화를 걸다
3) 전화를 받다
4) 문자메시지를 보내다

3 1) 공일공 구팔칠일의 일이삼사입니다.
2) 일오사사의 칠칠팔팔입니다.
3) 공육사의 칠구칠의 이일일사입니다.
4) 공이의 이육오공의 육이일이입니다.

4 1) 한국은 겨울에 눈이 많이 오지요?
2) 요즘 일이 많아서 바쁘지요?
3) 아침에 일찍 일어나지요?
4) 숙제를 다 했지요?

5 1) 중국 사람이지요?
2) 맵지요?
3) 재미있지요?
4) 하지요?

6 1) 재미있군요.
2) 공부하는군요.
3) 춥지 않군요.
4) 좋아하시는군요.

7 1) 여자 친구가 예쁘군요.
2) 영화를 좋아하는군요.
3) 아주 싸군요.
4) 열심히 공부했군요.

8 1) 내일 날씨가 맑을까요?
2) 이번 시험이 어려울까요?
3) 오후에 교통이 복잡할까요?
4) 지금 밍밍 씨가 잘까요?

9 1) 영수 씨가 학교에 올까요?
2) 무슨 선물이 좋을까요?
3) 어디에 계실까요?
4) 집에 왔을까요?

10

1	여보세요	2	휴대전화
3	그동안	4	통화
5	가능하다	6	전화
7	알다	8	국제전화
9	시외전화	10	시내전화
11	구내전화	12	공중전화
13	음성메시지	14	문자메시지
15	보내다	16	받다
17	전화를 걸다	18	전화를 받다
19	전화를 끊다	20	복습
21	빨리	22	끝내다
23	따뜻하다	24	다시
25	안내하다	26	고객센터
27	철도	28	지역
29	범죄	30	신고하다
31	홈페이지	32	관련
33	긴급 전화	34	전철, 지하철
35	사고가 나다	36	음악회
37	공연	38	비밀번호
39	입력하다	40	직장

11 1) 그동안 어떻게 지냈어요?
2) 연구실로 한번 전화해 보세요.
3) 김 선생님 전화번호를 알고 싶어서요.
4) 연구실에 계십니까(계실까요)?

18과

1 1) 아마
2) 돌아와요.
3) 모시
4) 전할

2
1) 메시지
2) 배터리
3) 영상통화를 하다
4) 휴대전화를 끄다

3
1) 잘못 거셨어요.
2) 통화중이어서
3) 남겨
4) 진동으로

4
1) 오늘은 바쁜데요
2) 너무 비싼데요
3) 한국말을 잘 모르는데요
4) 지갑을 안 가지고 왔는데요.

5
1) 박진호인데요
2) 있는데요.
3) 약속이 있는데요.
4) 가는데요.

6
1) 책을 빌리러 도서관에 갑니다.
2) 돈을 찾으러 은행에 갈 거예요.
3) 영어를 배우러 학원에 다녀요.
4) 친구를 만나러 한국에 왔어요.

7
1) 영화를 보러 극장에 갈 거예요.
2) 신발을 사러 백화점에 갔어요.
3) 학생증을 만들러 왔어요.
4) 일하러 한국에 왔어요.

8
1) 께, 드렸어요.
2) 에게, 주었어요.
3) 에게, 줄 거예요.
4) 에게, 줍니다.

9
1) 께　　2) 드릴　　3) 께　　4) 드릴
5) 에게　　6) 주　　7) 께　　8) 드렸어요.

10
1) 양보해야
2) 휴대전화를 꺼야
3) 존댓말을 써야
4) 날마다 예습과 복습을 해야

11
1) 공부해야 해요.
2) 회사에 일이 많아서 일을 해야 해요.
3) 5시까지 와야 해요.
4) 비자를 받아야 해요.

12

1	돌아오다	2	회의
3	모시다	4	전하다
5	휴대전화를 켜다	6	휴대전화를 끄다
7	전화를 잘못 걸다	8	통화중
9	메모를 남기다	10	스팸메시지
11	수신메시지	12	발신메시지
13	배터리	14	진동
15	급하다	16	바꾸다
17	한강	18	유람선
19	야경	20	조교
21	메뉴	22	취소
23	부재중	24	발신자
25	영상통화	26	알람
27	제한	28	갑자기
29	일이 생기다	30	지키다

13
1) 여보세요. 김 선생님 계세요?
2) 김 선생님께 전해 드릴게요.
3) 회의를 하러 가셨는데 아마 오후에 돌아오실 거예요.
4) 내일 중국에서 부모님이 오셔서 제가 공항으로 모시러 가야 해요.

19과

1
1) 아파요
2) 기침이 나와서
3) 머리가
4) 심해지면

2
1) 머리가 아프다
2) 열이 나다
3) 콧물이 나다
4) 몸살감기
5) 코감기
6) 목감기

3
1) 습해졌어요
2) 많아졌어요
3) 시원해졌어요
4) 좋아졌어요

4
1) 한가해졌어요
2) 좋아졌어요
3) 많아졌어요
4) 나빠졌어요

5
1) 영화를 보기 전에 저녁을 먹을 거예요.
2) 버스를 타기 전에 버스 번호를 확인하세요.
3) 잠을 자기 전에 이를 닦아요.
4) 중국에 돌아가기 전에 가족에게 줄 선물을 사야 해요.

6
1) 수업을 듣기 전에 커피를 마셔요.
2) 집에 가기 전에 공원에서 산책을 했어요.
3) 한국에 가기 전에 한국어를 공부했어요.
4) 에어컨을 켜기 전에 문을 닫아야 해요.

7
1) 다이어트를 하려고 해요
2) 일찍 쉬려고 해요
3) 택시를 타려고 해요
4) 아르바이트를 하려고 해요

8
1) 친구들과 같이 점심을 먹으려고 해요.
2) 친구들과 농구를 하려고 해요.
3) 미국으로 유학을 가려고 해요.
4) 비빔밥을 만들어서 먹으려고 해요.

9

1	감기에 걸리다	2	머리
3	아프다	4	기침이 나다
5	심하다	6	생강차
7	머리가 아프다	8	기침을 하다
9	열이 나다	10	콧물이 나다
11	코가 막히다	12	목이 아프다
13	몸살감기	14	기침감기
15	목감기	16	코감기
17	날씬하다	18	얼굴
19	눈	20	피곤하다
21	쌀쌀하다	22	밤
23	제약	24	떨리다
25	이모부	26	종합감기약
27	캡슐	28	두통
29	발열	30	가래
31	인후통	32	재채기
33	오한	34	정
35	증상	36	형
37	환자	38	신체
39	검사	40	카드
41	만	42	체중
43	신장	44	시력
45	좌	46	우
47	혈액		

10
1) 더 심해지기 전에 빨리 병원에 가 보세요.
2) 어제부터 머리도 아프고 기침도 나요.
3) 감기에 걸렸을 때는 생강차가 좋으니까 자주 드세요.
4) 어제는 할 일이 많아서 병원에 못 갔어요.

20과

1
1) 증세를
2) 배탈이 납니다
3) 소화제를
4) 토했어요

2
1) 두통약
2) 수면제
3) 소독약
4) 소화제

3
1) 출발합시다
2) 탈까요?
3) 입어 보세요
4) 운전하세요

4
1) 신발이 싸고 좋은데 한 켤레 살까?
2) 사전을 안 가지고 왔는데 빌려 주세요.
3) 지금은 시간이 없는데 오후에 연락합시다.
4) 제가 만든 음식인데 한번 드셔 보세요.

5
1) 기침을 하거나 콧물이 납니까?
2) 시간이 있으면 친구를 만나거나 쇼핑을 합니다.
3) 친구들과 함께 술을 마시거나 노래방에 갑니다.
4) 일이 생기면 전화를 하거나 이메일을 보내세요.

6
1) 커피숍에서 이야기하거나 쇼핑을 해요.
2) 친구들과 농구를 하거나 도서관에서 공부해요.
3) 해외여행을 가거나 아르바이트를 하려고 해요.
4) 아르바이트를 하거나 중국에 돌아가려고 해요.

7
1) 아침을 먹은 후에 학교에 갑니다.
2) 준비운동을 한 후에 수영을 합니다.
3) 손을 씻은 후에 음식을 만듭니다.
4) 어제 숙제를 하기 전에 친구를 만났습니다.

8
1) 아침을 먹은 후에 수업을 들어요.
2) 수업을 들은 후에 점심을 먹어요.
3) 도서관에서 공부를 한 후에 아르바이트를 해요.
4) 저녁 식사를 한 후에 책을 읽어요.

9

1	배탈이 나다	2	약사
3	증세	4	배
5	설사를 하다	6	토하다
7	식사를 하다	8	알
9	소화제	10	진통제
11	해열제	12	영양제
13	수면제	14	안약
15	소독약	16	감기약
17	두통약	18	변비약
19	붕대	20	반창고
21	일회용 밴드	22	파스
23	연고	24	비타민C
25	목욕하다	26	효능
27	효과	28	피로
29	회복	30	공급
31	용법	32	용량
33	미만	34	성인
35	닿다	36	보관하다
37	복용하다	38	중단하다
39	상의하다	40	여러 번
41	문진표	42	규칙적
43	문항	44	기간
45	맞다	46	불편하다
47	현재	48	상태
49	자기		

10
1) 식사를 하신 후에 두 알씩 드세요.
2) 약은 어떻게 먹어야 돼요?
3) 증세가 심해지면 병원에 가 보세요.
4) 배탈이 난 것 같은데 소화제 좀 주세요.

복습

1
1) ①와 ②에 ③에서 ④를
　 ⑤에서 ⑥와 ⑦를 ⑧를
2) ①이 ②에 ③이 ④에 ⑤에
　 ⑥에 ⑦와 ⑧와 ⑨를
3) ①을 ②을 ③에게 ④에 ⑤에
　 ⑥와 ⑦에게 ⑧와 ⑨를 ⑩에
　 ⑪이

2
1) 가족이 많으면 참 좋을 것 같아요.
2) 저는 지금 무역회사에서 일하고 있어요.
3) 어제 친구를 만나서 영화를 봤어요.
4) 김 교수님은 아마 오후에 돌아오실 거예요.

3
1)

'ㄷ' 용언 \ 문형	−습니다/ㅂ니다	−고	−어요/아요/여요	−었어요/았어요/였어요	−으세요/세요	−을까요?/ㄹ까요?	−으니까/니까
걷다	걷습니다	걷고	걸어요	걸었어요	걸으세요	걸을까요?	걸으니까
듣다	듣습니다	듣고	들어요	들었어요	들으세요	들을까요?	들으니까
묻다	묻습니다	묻고	물어요	물었어요	물으세요	물을까요?	물으니까
싣다	싣습니다	싣고	실어요	실었어요	실으세요	실을까요?	실으니까
받다	받습니다	받고	받아요	받았어요	받으세요	받을까요?	받으니까
닫다	닫습니다	닫고	닫아요	닫았어요	닫으세요	닫을까요?	닫으니까
믿다	믿습니다	믿고	믿어요	믿었어요	믿으세요	믿을까요?	믿으니까

2)

'르' 용언 \ 문형	−습니다/ㅂ니다	−고	−어요/아요/여요	−었어요/았어요/였어요	−으세요/세요	−을까요?/ㄹ까요?	−어서/아서/여서
고르다	고릅니다	고르고	골라요	골랐어요	고르세요	고를까요?	골라서
빠르다	빠릅니다	빠르고	빨라요	빨랐어요	빠르세요	빠를까요?	빨라서
부르다	부릅니다	부르고	불러요	불렀어요	부르세요	부를까요?	불러서
다르다	다릅니다	다르고	달라요	달랐어요	다르세요	다를까요?	달라서
모르다	모릅니다	모르고	몰라요	몰랐어요	모르세요	모를까요?	몰라서

3)

'ㅎ' 용언 \ 문형	−습니다/ㅂ니다	−고	−어요/아요/여요?	−었어요/았어요/였어요?	−은/ㄴ	−어서/아서/여서	−으면/면
빨갛다	빨갛습니다	빨갛고	빨개요?	빨갰어요?	빨간	빨개서	빨가면
노랗다	노랗습니다	노랗고	노래요?	노랬어요?	노란	노래서	노라면
파랗다	파랗습니다	파랗고	파래요?	파랬어요?	파란	파래서	파라면

하얗다	하얗습니다	하얗고	하얘요?	하얬어요?	하얀	하얘서	하야면
이렇다	이렇습니다	이렇고	이래요?	이랬어요?	이런	이래서	이러면
저렇다	저렇습니다	저렇고	저래요?	저랬어요?	저런	저래서	저러면
그렇다	그렇습니다	그렇고	그래요?	그랬어요?	그런	그래서	그러면
어떻다		어떻고	어때요?	어땠어요?	어떤	어때서	어떠면
좋다	좋습니다	좋고	좋아요?	좋았어요?	좋은	좋아서	좋으면

4 1) ②   2) ①   3) ④   4) ②

5 1) 교통이 복잡하니까 지하철을 탑시다.
2) 전자사전을 사러 용산전자상가에 갈 거예요.
3) 시험이 끝나면 뭘 하고 싶어요?
4) 요즘 회사일이 바빠서 친구를 못 만나요.

6 1) ①   2) ②   3) ②   4) ②

7 1) ①   2) ③   3) ④   4) ④

8

1	건강하다	2	결정하다
3	경치	4	공기
5	그렇지만	6	댁
7	동생	8	런던
9	무서워하다	10	물
11	방향	12	백설공주
13	번(次)	14	복잡하다
15	부럽다	16	부르다
17	생활	18	세탁기
19	손	20	수단
21	수도	22	시골
23	아름답다	24	언제나
25	여권	26	외국어
27	익숙해지다	28	입학하다
29	장미꽃	30	정하다
31	주인	32	필요하다
33	학기		

9 1) 여보세요. 김 선생님 좀 부탁합니다.
2) 토요일마다 도서관에 가서 공부합니다.
3) 형은 회사원인데 지금은 결혼해서 따로 살고
있어요.
4) 사과는 4개에 3000원이고, 바나나는 한 송이
에 2500원이에요.